大逆転の生命保険セールス

MDRT9人の成功への方程式

福地恵士・監修
近代セールス社・編

近代セールス社

監修者まえがき

みなさん、こんにちは。エイムの福地です。元気で生命保険を売っていますか？　何ですって？　あまり元気がないですって？　それなら、この本をどこからでもいいですから読んでください。登場人物は私も含めて9人。全員スタートは並以下からで、今では大成功している私の自慢の門下生です。本当はもっとたくさん紹介したい人がいるのですが、紙面の都合で紹介できず、次のシリーズで書きたいと思っています。

私は今でこそ本を9冊書き、講演やセミナーをやっていますが、小学校1年生の成績はオール2からスタートしました。「福地さんだからできたんだ。私には無理、才能ないし…」なんて言っている人は誰ですか？　あなた小学校でオール2を取りましたか？　オール2の子って、はっきり言って才能絶対ないと思うんですが…。福地恵士はドラえもんのいないのび太状態でした。勉強できない、運動音痴、音楽ダメ、絵もヘタ。それでエッチ。しずかちゃんのスカートをめくって毎日のように反省会で血祭りにあげられていました。唯一得意科目は給食でした。

サラリーマン時代も「出世できない、結婚できない、夢持てない」の3重苦。でも人って夢があれば変われるんですよ。キーワードは「夢に向かってHHG（=必死、ひたむき、がむしゃら）」です。

さあ、夢にチャレンジし、失敗をたくさんして、それを乗り越えたはじめは並以下だった人の物語のはじまり、はじまり！

＊　＊

岡田直人さん

トップバッターは岡田直人さんです。岡田さんは第2回PACの受講生です。同期の新人のなかでビリから2番目から大逆転した人です。すぐに保険営業の仕事を辞めようとしましたが、仲間の助言で、アポイントを取るという基本、1日3人に必ず会うという約束を守り続けて、1年目に同期トップとMDRT会員資格をクリアしました。でもこの仕事を続けていくうえで幹になるものが欲しくて、2年目に私の研修を受講しました。2年目から師匠をはるかに超えてCOTを達成しています。さわやかで情熱の男です。

篠原隆徳さん

篠原さんは、子どものときからのハンディ（＝吃音）がありました。社会人になってもハンディに苦労しましたが、それを乗り越えました。2年目にエイムの研修を受講、その後も快進撃は続きます。会社のコンベンションは、最高ランクの社長賞を10年連続入賞、COT会員を8年連続で達成しています。篠原さんもお客様のために全力で仕事をする情熱がすごいです。

鎌田聖一郎さん

今はソニー生命のなかで、きら星のような実績を挙げているだけではなく、鎌田塾という勉強会を全国各地で開催し、後輩の育成に貢献されている人です。そんな鎌田さんもスタートした頃はうまくいかず、すぐに辞めようと転職雑誌を買ったそうです。どん底から得た素晴らしい紹介入手法は、セールスプロセスすべてにあります。売るためではなく、お客様の家族を守り、紹介をいただき続けるための鎌田塾のはじまり、はじまり。

山地健吾さん

山地さんとエイムのお付き合いは一番長いのではないでしょうか？　会社の上位コンベンションであるMVPやMDRT会員になっても、フォローアップ研修や夏冬の合宿に常に参加し、ずっとリーダーシップを取ってくれています。２０１７年には念願のＣＯＴ会員になりました。自分管理、時間管理にはとてもユニークな方法を紹介しています。山地さんの時給管理法は必読です。

日野原健二さん

日野原さんは証券会社の倒産から生命保険営業に転職しました。彼もまたガッツの人です。当時若かった福地の愛のある？　叱咤激励をすぐエネルギーに換えて挫折を乗り越えてきました。エイムのフォローアップ研修とＭＤＲＴ年次総会の出席数は、今回のメンバー中ナンバー１です。ドル保険の販売では、「毎月保険料が変わるのは煩わしい」という反対トークの「保険料ではなく、電気代と思ってください！」を生み出した人です。

塩野美香さん

いったいどこの国の人？　他のメンバーのどん底人生をも吹き飛ぶ貧困からの脱出経験の持ち主です。学歴ない、職歴ない、知識ない、地図読めない、若くない（？）あるのは体力と食欲。いや、違います。この人の大逆転の原動力は根っからの陽転思考、そしてＭＤＲＴ会員になりたいという思いでした。生保業界に入ったときは、小・中・高生３人の子を持つ彼女。年収は１３０万円。毎日3食もやしで生き抜いて、現在2年連続でＭＤＲＴ会員達成！　奇跡の塩野さんの人生を見ていきます。

古田真一さん

ただの野球小僧だった古田さん。プロを目指したものの一度もプロになれなかった。持ち前の超プラス思考の彼でも挫折を何回も味わった。知識もあまりない生保業界に入り社会人をスタートするも挫折。その後、代理店主になり大逆転して1年目でＭＤＲＴ会員。初めてのＭＤＲＴバンクーバー大会で福地と出会い、翌年から6年間ＣＯＴ会員。そして２０１７年、ついに野球小僧はＴＯＴ会員そして1億円プレーヤーになりました。彼の激動の半生を紹介します。

藤原良さん

今回登場の9人のなかで一番芽が出なくて苦しみ抜いた人です。エイムの研修の終身会員と揶揄されるほど福地ファンなのですが、結果がなかなか出せず、生命保険業界に入って会社を3回移る迷いの人生を送ってきました。妻子とも絶縁され、「桃栗3年柿8年、汗と涙で13年」を地で実践。ファミレス店長が生保マンになり、どん底8年にしてＭＤＲ

Ｔ会員資格を達成しました。その後３回連続ＭＤＲＴ会員の藤原さんの生き様を紹介します。

９人目は福地恵士です。

思い出して書いてみると、泣けてきました。あまり皆さんに知っていただきたくないような、借金生活をしていたんです。ファイナンシャルプランナー失格ですよね？　でも夢だけは忘れませんでした。サラリーマン生活で報われず、夢に賭けてこの業界に飛び込みました。オール２をむしろエネルギーにして２年目の挫折からの大逆転の物語です。

目次

監修者まえがき

MDRTへの道

『全力で直球勝負！　とにかく〝熱い男〟』岡田　直人……11
『〝どもり〟を克服してCOT＝極みの世界へ』篠原　隆徳……39
『契約を追わない紹介営業のスペシャリスト』鎌田　聖一郎……63
『独自の時給管理法で目標を設定する』山地　健吾……87
『高い向上心を持って仕事に邁進する』日野原　健二……115

『〃ないない尽くし〃のどん底スタート』塩野　美香……137
『野球一筋男が〃ＴＯＴ＝６倍〃男に大変身！』古田　真一……163
『セミナーで感動を与える保険の伝道師』藤原　良……191
『保険営業のプロを育てる情熱の人』福地　恵士……221
トニー・ゴードンとは……261
監修者あとがき

MDRTへの道

『全力で直球勝負！　とにかく〝熱い男〟』

岡田　直人

ソニー生命保険株式会社
名古屋ライフプランナーセンター第4支社
トップ・オブ・ザ・エグゼクティブ ライフプランナー
2017MDRT成績資格終身会員（18回登録）

保険営業に情熱を傾ける〝熱い男〟

「とにかく熱い男」というイメージで評される岡田。地元名古屋に根を張り、保険営業に情熱を傾ける日々を送る。抽象的な言い方のようだが、実際に会うと、彼を体現した言葉として、まさしく「とにかく熱い男」がぴったりあてはまる。

あるいは「全力で直球勝負！」という言葉でもいいかもしれない。

顧客は岡田の話を少しでも聞いてしまうと、必ず最後まで聞いてみたくなってしまうという。それほど彼の話術には説得力があるし、熱意が顧客にも伝わるのである。

岡田の熱意を数字で表すのもどうかと思うが、顧客数はゆうに5000人を超えていて、6000人に手が届くほどの数である。一般的な保険営業パーソンからすると100人も持てれば十二分だというこの世界で、彼はその6倍もの顧客を抱えている。ソニー生命のなかでも飛び抜けて顧客数が多いことでも知られる存在だ。

これだけの顧客を管理するだけでも大変なことだが、彼にとってはかけがえのない財産であることは確かだ。

現在は、新規開拓よりも、むしろ既契約者へのアフターサービスに力を入れているというが、こうした状況になるまでには、保険営業が必ず通る〝いばらの道〟があった。今の岡田からは想像できない出発での苦労があった。

では、彼の保険営業パーソンとしての経緯はどのようなものだったのだろうか。

自動車販売の世界から保険営業へ

岡田が生命保険の世界に入ったのは、1998年に遡る。アイシン精機から2回の転職を経て自ら外車ディーラーの会社を興し、自動車販売業を始めようとしていたときのことだ。

彼が営業に転じたのは、本人の強い希望によるものだ。大学を卒業後、1987年に大手自動車メーカーのアイシン精機に入社した岡田は、エンジニアとして活躍する。大学時代は化学を専攻していたことから、就職先では自動車の樹脂製品の工法開発などを担当していた。具体的には、樹脂の流動解析プログラムを自動車メーカーと共同開発するなど、バリバリの技術者として活躍していたのである。

転機が訪れたのは、入社して6年ほど経ってからのことだ。どうしても営業職に就きたかった彼は、転職を決心する。もともと自動車が好きで、外車にとてもあこがれていた。そんな彼が転職を決めた先は、テレビ番組などにも登場していた人物が経営する外車を取り扱う自動車販売会社だった。

「とにかく営業がしたくて仕方なかったです。それで色々探していたときに、のちに『マネーの虎』という番組に出ることになる社長がいる会社が外車を扱っていました。車が好きだったこともあって、営業の修行と思って転職しました」

入社してしばらくは、その会社で外車販売の営業に精を出す。しかし、彼にはさらなる野望があった。

――できれば自分の会社を持ちたい。

もともと自動車が好きで、営業にも興味があった彼らしい選択といえた。

自分なりに営業としての修行を終えたと判断した頃、一国一城の主として一本立ちしようと決心し、1998年に退職する。一度決めたことだから、この道で邁進する。仕事に取りかかれば休んでいる暇はないだろう。そこで、リフレッシュを兼ねて2ヵ月ほど休養することにした。

温泉地で骨休めをしていたある日、彼のもとに一本の電話が入る。それは、外車販売のときに知り合った人材派遣会社の社長からだった。その社長は、岡田が退職したことを聞きつけ、何があったのか気になって連絡してきたのだ。そこで久しぶりに社長と会食をする約束をする。

当日、待ち合わせ場所へ行くと、社長と一緒に一人の男性が立っていた。これが後に保険営業に携わるきっかけを作った、ソニー生命名古屋伏見支社の野澤俊彦所長（当時）だった。野澤との出会いがその後の岡田の運命を大きく変えることになる。

「以前、『今度ごはんおごってあげるから、一度話を聞いて』みたいなことを言われたことがあり、保険営業はうさんくさい印象がありました。ですから、保険からの勧誘なんてまったく縁がないだろうと思っていましたから、意外でしたね」

実際、人材派遣会社の社長の傍らに立っていた野澤から保険営業に興味はあるかと聞かれ、岡田は損害保険には興味あるが、生命保険には興味はないと返した。自動車販売会社を興すつもりだったから、当然である。

しかし、野澤に「興味はないと言うけれども、生命保険を知らないだけじゃないか。今度、会社に遊びに来て見てくれ」と言われ、後日、岡田は起業前の休養期間ということもあって支社に赴いた。そこには所長の野澤のほか、名古屋伏見支社長の大平亮（当時）がいた。ソニー生命とライフプランナーという仕事について熱く語る大平の話に耳を傾けているうちに、次第に岡田の認識が変わっていく。

「大平支社長の説明で、いかに人にとって生命保険は大事なものか、痛感させられました。何かのときに家族を守るものだと。それまでの生命保険に対する良くないイメージが、ここで吹っ飛びました」

このとき岡田は35歳。妻と子どもがいる身のため、やる以上は不退転の覚悟で思い切りやってみようと決心する。この大平との出会いを契機に、岡田は生命保険業界に転職する決意を固める。

保険営業にとってもっとも大切な仕事の一つに、顧客とのアポ取りがある。アポを取り、顧客との接点をつかまないとその先へは進まないわけだから、これは是が非でも取らなければいけない。しかし、アポから先に進むには、顧客に興味を持ってもらうアプローチトークが必要になってくるが、岡田にはこれがなかった。

入社当初の岡田は、3ヵ月間の契約はわずかに3件というじり貧状態だった。理由は2つだ。一つは顧客リストに電話をして断られたらもう行くところがなくなってしまうので、電話をついつい躊躇していたこと。もう一つは前述のように、顧客とのアポは取れてもアプローチに失敗し、その先になかなか進むことができなかったからだ。今の岡田からは想像もできない話だが、当時は深刻な状態に陥っていた。

なかなか契約が取れず3ヵ月で3件と低迷

生命保険営業にかかわったものなら誰もが経験する最初の壁は、初めての契約締結だろう。順調に契約が取れる人もいるが、多くは最初の段階で難儀し、結果的に契約が預かれず、退社を余儀なくされるケースも少なくない。野澤所長や大平支社長の熱意で生保業界に転職した岡田も、契約がなかなか預かれないでもがいていた。

当初、彼は保険契約を預かるのはそう難しいことではないと思っていたという。

「生命保険の素晴らしさが分かったので、後はそれをどう伝えるかにあると思っていました。そこで、これまでお世話になった方々に連絡を取り、営業を開始しました。相手も、岡田だから話を聞いてあげるというので、私は保険について熱心に説明したわけです。すると皆、私の話を聞いてくれるんですが、話し終わると決まって『俺には保険は不要だということがよく分かった』と言われ、それで終わりでした。結局、契約まで至らないケースがほとんどでしたね」

当時、岡田は知り合いにアポを取ると、保険の話を多いときで2~3時間は熱心に説いていた。相手も岡田だからと話を聞いてくれたのだろう。しかし、聞いてはくれるものの、結果として契約にまで至らない。保険はとても重要な商品である、人のためになる、このことは岡田自身が十分に理解していたから、この点を重点的に話し続けた。しかし、話せば話すほど、顧客との距離ができてしまう。何人もの人に会いこうした場面に遭遇したことで、彼の保険営業への情熱は急速に冷めていった。

「入社して3日目には自動車販売に戻ろうと思った」と述懐する岡田だが、こうした経験は保険営業パーソンであれば誰もが経験することだろう。

とはいえ、一度入社した生保業界である。簡単に諦めるわけにもいかず、かといってまったく契約も預かれない。こうした悶々とした日々が3ヵ月続く。結果、3ヵ月間で契約できたのはわずかに3件。そろそろ研修期間が過ぎようとしていた頃で、岡田としても進退をどうするか本気で決めなければならなかった。

元同僚からトークをダメ出しされる

そんなある日、彼のもとに一本の連絡が入る。相手はソニー生命の先輩で、以前岡田と同じアイシン精機で働いていた佐野紳一郎だった。

「彼はもともと営業職で、職場は違いましたが私と同期入社でした。アイシン精機を辞めてソニー生命に岡田が入社したという情報を聞きつけたらしいんですね。社内検索したら名古屋伏見支社にいるのが分かったらしく、それで連絡してくれたみたいです」

このとき、岡田は訪問先のあてもなく、近隣の市役所の駐車場に車を止め横になっていた。電話を受けた岡田は、佐野から色々事情を聞かれ会う約束を交わす。待ち合わせ場所は、最初に入社した会社のロビーだった。

その後、岡田は居酒屋で久しぶりに佐野と真剣に語り合った。このとき、岡田は佐野から叱責を受けると同時に、営業マンとしての活路を見いだすことになる。

「彼から徹底的に営業に関するレクチャーを受けました。一体どうやって営業をしているのかを聞かれ、それに答えると、それじゃダメだといったように。特にセールストークをダメ出しされました」

セールストークは保険営業に限らず、商談を成立させるにしても、クロージングするにしても、成約を大きく左右する重要なアイテムである。佐野からダメ出しをされた理由は、①アプローチで遠回りな話をしている。②結論を出さずにただ生命保険の重要さについて熱心に話をし続けている。これではせっかくアポが取れても、契約にはならない。佐野から鋭い指摘をされたのである。

「直ちゃんな（佐野は岡田のことをこう呼ぶ）、直ちゃんのトークは商品を押しつけるようなトークではないけどな、話のポイントがずれているんだよ。生命保険の重要さをお客さんに知ってもらおうという熱心さのあまりにね、お客さんからドン引きされているんだよ。それから始めから生命保険以外の話が多すぎるんだ。なんでさっさと本題に入らないの？　生命保険の営業で訪問したのにもかかわらず、ソニー生命の親会社はウォークマンを作った会社だとか、バイオのソニーなんて余計なことだと思うよ。ストレートに生命保険の営業で来たことを話せ」

佐野は岡田に精一杯、自分のノウハウを語った。

岡田だけではないだろうが、顧客とのきっかけをつかむセールストークは誰もが悩むところだろう。断りの恐怖のため本論に入れずに時間をムダにしてしまうことも多い。

しかし、保険営業のために顧客と会っているわけだし、顧客もまた保険営業で来ていることを認知して岡田と面談しているわけだから、いちいち迂回して会話する必要はない。素直に保険営業のために来訪し、保険について説明すればいいだけのこと。この積極性が岡田に欠けていたのである。

奮起して怒涛のアポ取りに突入

「当時のトークはすべて遠回しでした。私のなかで営業トークは、まず天気の話をして、プロ野球の話をしてといった世間話から入り、それで何か興味を持ってもらったら生命保険の話をしようと考えていました。しかし、顧客に会ったらまず生命保険の提案をしろ、提案して生命保険に加入してもらう。そこで初めてお客様の家族を守れるんだからと言われました」

自動車販売会社にいた頃は、四駆やスポーツカーといった車の形式や性能、配色、値段など、顧客の好みを色々引き出してから、希望する車種を勧めるというスタイルだった。どちらかという顧客の好みが一目で分かる世界である。

しかし、保険営業は自動車などと違い目に見える商品ではない。こちらから情報や問題を投げかけてその問題を共有しなければ、セールスプロセスがまったく前に進まない。

佐野は続ける。「いいか、直ちゃん。今あるリストに上から片っ端に電話しろ。直ちゃんみたいない奴から、ソニー生命に転職したから話を聞いてくれって言われて、会って話を聞いてくれない人がいたとしたら、そんなの友だちでも知り合いでもなんでもない。だから、もし断られたら二度と電話しなくていいから。すぐに電話して断られたらリストから除外しろ。さっさと白黒つけてしまえ」

「そうか。一度断られたら二度と電話しなくていいのか」

岡田は、この佐野の忠告で何か肩の荷が下りた気がした。佐野との再会の時点で、入社時に作ったアポを取れる先のリスト１００件のうち、20件も連絡していなかった。これでは顧客リストの意味はない。顧客として契約に至るかどうかなど、あたってみなければ分からない。考えてばかりいても仕方がない。彼には、見込客リストは財産であるということが、この時点では理解できていなかった。

「佐野との食事が終わったのが夜の10時過ぎでしたが、すぐにでもお客様に連絡をしてアポを取りたいと思いました。さすがに夜遅かったので諦めましたが、次の日の朝が来るのが、これほど待ち遠しいと思ったことはありませんでした」

翌日、奮起した岡田は朝一番からいままで電話をためらっていた顧客リストの残り80件のアポを取り始めた。

今度は素直に「ソニー生命の話を聞いてほしい（生命保険の話を聞いてほしいとは言わないのは、今の彼の素晴らしい言い回しだ）のでぜひ会ってください」とストレートに伝え始める。

このときに岡田が注意を払ったのは、①遠慮気味に話をしない、②照れたり遠回しな言い回しはしない、③断られたらすぐに忘れて次の顧客にアポを取る、この3点である。

岡田の電話のトーンは明るく、爽やかだ。

「『もしもし、アイシン精機にいました岡田です』なかには思い出してもらえない方もいました。そのときは思い出してもらえなくても、『会えば必ず思い出しますから会いましょう』と言って連絡しました。すると、断られたお客様はいなかったんです。このとき思いました、自分の方で壁を作ってしまっていたんだということに」

やがて、怒涛のアポ取りによって空欄だった手帳がまたたく間に埋まっていく。そして、佐野からの教えに従い、保険の話だけをするように心がけた。結果、新規契約も順調に伸びていった。

そして、この未連絡先だった80件に連絡し終わったところで、岡田は新たな壁にぶち当たる。

保険嫌いの人へのアプローチ

ようやく軌道に乗ったと思い始めて半年ほど経った頃、すでに80件のアポ取りは終わっていた。新規契約も取れている。一見すると順風満帆に思えた。ところが、よくよく考えてみると、この80件に続く見込客リストがない。つまり、新規でアポが取れる先がまったくなくなってしまった。眼前の新規契約を取ることだけに終始していたあまり、その後の紹介営業という行動まで考えが及んでいなかったからである。

またどん底が見え始める。もう、後はないうえ、新規で行ける先はほぼ終わっている。どうしたものかと思案していたとき、1件だけ未訪問の先を思い出す。

「ディーラー時代にお世話になった大手企業の山上部長（仮名）さんでした。以前に電話したときは、残念ながらタイミングが合わずお会いできませんでした。もうこれが最後のアポになる。そう思うと、たとえ切れそうな細い糸であっても、太いロープに替えていくしかない。切れる前によじって、よじって、慎重に、慎重に糸を束ねてたぐり寄せないといけないと思いました」

岡田は何度もイメージを繰り返す。山上部長に会ったら、よく来たと言われ、色々保険の説明をし、そして、きっと紹介してくれるだろう……。頭の中で様々な思いがよぎる。そして彼は色々な思いを胸に抱きながら、日曜日の夕方にディーラー時代の顧客である山上部長のお宅を訪れた。

山上は、岡田を温かく迎えてくれた。そして室内に通されてふとテーブルの上を見ると、そこには保険証券と印鑑が用意されていた。

「山上さんは、私がどんな思いで来るのか、分かっていたんだと思います。だから、何も言わずに、私が言った通りの保険に入ってやろうと、印鑑と保険証券を用意してくれていたんです」

ところが、岡田が見た保険証券は、非の打ちどころのない内容だった。大型の終身保険で保障内容は十分なものだった。

こうした場面に遭遇する営業パーソンも多いだろう。ここで思い切って新たな保険に加入してもらうこともできる。おそらく、現在の岡田であれば違った切り口でのセールスもできたはずだ。

「山上部長さん。部長さんの生命保険は完璧です。非の打ちどころがありません。この保険、このままにしておきましょうよ」

苦渋の選択だったろうが、ここが岡田らしいところである。

「えっ？　本当に完璧なのか。保険のプロの岡田君に言われたんだから本当にいい保険なんだね」

山上は驚いたが、岡田の誠意に感心した。

しかし心の中の岡田はつぶやいた。

「終わっちゃったな。ライフプランナー人生……もう行くところがなくなった」

あまりの落胆の様子を見て山上は言った。

「飯の支度が間に合わないと思って、ピザを取ったんだよ。せめてピザ食っていけよ。お前の分もあるから、俺と嫁じゃ食べきれないし……」

山上は岡田が来るのをずっと待っていて、その日もピザを注文して楽しみにしていたのである。でも、岡田はとてもピザを食べるような気分じゃない。力が抜けて、食欲なんてまったくない。でもせっかくのご厚意なので、「一切れだけいただいて帰ります」と言って口にしたのだが、まったく味がしない。

しかし、もう一切れ勧められたとき、岡田は思った。

――このまま帰っていいのだろうか…。

「このまま何もせずに帰ってしまったら、もう本当に会うお客様はいなくなる。どうするか考えたとき、山上部長さんがダメならば、紹介してもらえばいいじゃないか。まだお客様が目の前にいるのに、この機会を失ったらもう後がない。明日から電話する先もない。よし、思い切って言ってみよう」

そして、岡田が初めてある言葉を口にする。

「山上さんは、部長さんですよね。会社の部下の皆さんをご紹介いただけませんか？」

こうしたシチュエーションであれば、このようなトークに発展するのはよくあることだ。しかし、岡田は山上にこの言葉を発するのを内心躊躇していた。というのも、山上が在籍している会社の社員は、ほとんどが保険嫌いで通っていたからだ。それどころか嫌いというレベルを超え、大嫌いのレベルであった。

「会社の入り口にまで『生保出入り禁止』の張り紙がある会社でしたから」と岡田は述懐する。

「君は自分で何を言っているのか分かっているの？　そもそもうちの連中はみんな保険大嫌いだし、他社の生保レディも門前払いされているんだよ」

「よく存じております」

「そもそも、君がいいっていうから君の保険に加入もしていないんだよ。それなのに何で紹介できるの？」

ところが、そのとき岡田はこう切り返した。

「部長さん、会社の人は皆さん保険大嫌いって言われましたよね。僕、保険大嫌いな人、大好きなんです。ですから一番保険の嫌いな人から順番に紹介してください。とにかく大嫌いだという人から真っ先に会わせてください」

岡田はもはや自分で何を言っているのか分からなくなっていた。

これには山上も驚いた。岡田の保険に加入もしていない相手に、保険が大嫌いな人から順に紹介してくれなど、普通では考えられないことだ。長い沈黙があった。

「お前、気は確かか？　うちの連中本当に手厳しいぞ。絶対に門前払いを食うぞ」

山上が何回も制するも、もう岡田は止まらない。

「平気です。本当は、山上部長さんから保険に入っていただいて、ご紹介をいただこうと思っていました。でも部長さんの保険は完璧でした。だからといってこのまま失礼したら、後がないんです。嫌われても構わないので、会って話を聞いていただけるだけで結構です。ぜひ部下の方をご紹介ください。お願いします」岡田は熱く嘆願した。

山上は彼の目を見て、一言「本気だな」と返した。

「本気です」

「仕方ないな。岡田君の名刺を全部おいていけよ。明日は月曜日だ。打ち合わせがあるから朝、君のことを話しておくよ。ただし期待するなよ」

翌朝、岡田は山上からの電話を心待ちにしていた。しかしなかなか電話がない。昼になってもこない。夕方になっても一向に電話がかかってくる気配がないので、思い切って山上の自宅に電話をかけた。

電話に出た奥さんは「あら、まだ電話してないの？　しょうがないわね。主人、昨日岡田さんと約束していましたものね。帰ったら話をしておくわね」と言ってくれた。

結局、岡田が山上と連絡が取れたのは、火曜日になってからだった。20枚の名刺のコピーとともにだ。そのときの状況を彼はこう回想する。

「実は部長さん、部下の皆さんに聞いてくれたみたいで、この人はすでに生保加入済み、この人は日曜日の午前中なら電話に出られる、この人は夜だったら携帯につながるといって、コメント付きで私に教えてくれたんです。とても嬉しかったですね。もうそれから順番に電話しました。結果的に20人ほどの方とアポが取れ、全員契約してくれました」

ストレートなセールストークで頭角を現す

ここで一つの疑問が湧いてくる。

保険が嫌いだと公言していた社員たちが、なぜ岡田からのアポに答え、快く面会に応じ、最終的には契約にまで至ったのか。

岡田は気になって、ある社員に聞いた。

「ところでどうして皆さん、私の話を聞いていただけただけでなく、保険の契約もしていただけたのでしょうか？　皆さん保険のこと大嫌いでしたよね？」

「それがね、月曜日に出社したら、皆の机に岡田さんの名刺が置いてあって、それは部長が置いたことが分かったんですよ。部長から『俺の知り合いで、保険会社の人なんだけど、とてもいい話をしてくれるから、もし興味あれば電話入れさせるから、聞いてやってもらえないか』と言われたんですよ。あの保険嫌いの山上部長が勧める岡田って、どんな奴なんだろうってミーティングの後で皆、興味津々になったんですよ。それでね、一番保険嫌いの大沢課長（仮名）から話を聞こうということになったんですよ。大沢課長が岡田さんに会った次の日に、皆で『どうでしたか？』って聞いたら『いい話だったから保険に入った』って言うじゃないですか。それで、次々と岡田さんに会うことになったんです」

岡田と面談した社員の間には、彼の評判が次々と拡がり、やがて連鎖して加入する社員が増えていった。何よりも驚きなのは、最初に面談した山上本人が、大の保険嫌いだったということだろう。

「何しろ、その会社に出入りしていた保険関係の営業をすべて排除していたのは、ほかならぬ山上部長さんだったんですから」

その山上自ら、岡田の名刺を社員たちに配り、岡田に見込みのある社員を紹介していたというのだから、驚きである。部長の自宅で、もし、岡田がピザを食べないで帰っていたら、苦し紛れの一言を発しなかったら、トップ・オブ・ザ・エグゼクティブ ライフプランナーの岡田直人は存在しなかったことだろう。

このアポ取りと、ストレートなセールストークの甲斐があってか、岡田は入社1年目にして新人社員を対象にしたルーキーズコンベンション1位入賞。さらには海外表彰である社長杯に上位で入賞。そして、ＭＤＲＴ会員基準突破と、すべてに入賞するという好結果をもたらすのである。

佐野のレクチャーから9ヵ月という短期間に、少なくともこれら3つの基準を突破するように言われて最初、岡田は戸惑った。この3つの基準を突破することがプロであるための絶対条件だ。「プロの域まで到達しなくては、何のためにリスクを負って転職をしたのか意味がなくなる」と佐野に言われたことが、彼を発奮させる起爆剤となった。

これ以降、このペースを維持するために、毎日欠かさなかったことがある。それが「1日3件のアポ入れ」である。毎日、必ず午前10時、午後1時、午後4時という3つの時間帯に新規のアポを入れる。どんなことがあっても、この3件のアポ入れだけは、入社して十数年間ずっと続けてきた。

「このサイクルは今でも変わっていないですね。もし、翌日に1マス10時が空いていると、たとえ午後1時と4時にアポが入っていても、落ち着かなかったです。このまま、入らないままフェードアウトしちゃうんじゃないかって、そう思うわけです。入社して最初の3ヵ月で味わったあの嫌な気持ちが蘇ってくる。怖くなってくるんですよ。だから、何が何でも3マス埋めるまで、電話をかけまくっていました」

もし入らない場合はどうするのか聞いてみると、とにかく埋まるまで電話をして、入れるという答えが返ってきた。このがむしゃらな熱意と、常に襲われる危機感とが、岡田を走らせてきたといっても過言ではない。

今後はアフターフォローに軸足を移す

35歳で転職し、２０１７年で19年目を迎えるという岡田。

13年くらいまではほぼ毎日、３件のアポ取り、新規契約というペースをずっと維持してきた。しかし、ここ４、５年は新規契約から、既契約の保全に軸足を移している。

「これまでだいぶお会いしていないお客様もいますが、状況が変わっていたり、ライフプランの見直しをするお客様も出てきています。これまで新規、新規というスタイルで仕事をしてきましたが、これからは既契約の方を中心に、しっかりとアフターフォローをしていきたいと思います」

19年間に、既契約者のライフステージもだいぶ変化してきていることは予想される。契約時にはまだ幼かった子どもが、もうじき大学進学という受験期に入っている人もいるだろうし、子どもが増えて保障をもう少し厚くしたいと考えている人もいる。親御さんの介護が必要になってきたという顧客も考えられる。

多数の顧客を抱える岡田にとっては、既契約者のこうした状況変化に、今後はどのように応えていくことができるかが、新たな課題となってくる。

「久しぶりにお目にかかったお客様から、『よく、来てくれたね』と言って喜んでくださったり、『お子さんが大きくなりましたね』と言って微笑んだり、お客様にフォローすることがどれほど大切なことか、改めて感じています」

ところで、岡田のターニングポイントとなった保険嫌いの山上部長や、社員の方との関係について聞いてみた。

「もちろん、契約をしてくださった方々もそうですし、山上部長さんともいまだにお付き合いさせていただいています。山上部長さんからは、『他の社員全員がお前の会社の保険に入っているのに、俺だけ入ってないってどうなんだ？　もう一度よく見ろよ』と言われます。しかし、何度見ても非の打ちどころがない保険ですから、『部長、この保険はこのままにしておいたほうがいいです』と言っています」

紹介者のなかで、純粋な紹介者である山上とは、19年経っても変わらぬ関係でいるところに、岡田の人柄がうかがえる。

岡田直人（おかだ なおと）

1963年愛知県生まれ。名古屋工業大学工学部卒業後、エンジニアとしてアイシン精機株式会社に87年4月入社。その後、輸入外車販売を経て、98年12月ソニー生命保険株式会社に入社。ルーキーズカップ（新人賞）入賞。入社3年目には約240件の契約を結び、契約件数全国トップに躍り出る。その後も毎年数字を更新し続け、06年には年間契約件数522件の成績を収めた。入社からわずか4年あまりでエグゼクティブ ライフプランナー（部長格）に昇格。現在は10年以上エグゼクティブ ライフプランナーを続けて得られる、トップ・オブ・ザ・エグゼクティブ ライフプランナー。2017MDRT成績資格終身会員（18回登録）。

MDRTへの道

『〝どもり〟を克服してCOT＝極みの世界へ』

篠原　隆徳

ソニー生命保険株式会社
新宿ライフプランナーセンター第7支社第2営業所
エグゼクティブ ライフプランナー
2017MDRT成績資格終身会員（06〜） COT会員

篠原が今、世界の舞台に立った

「お客様のために、ひたすら汗をかく。どもりがあってもこれだけは、決して負けません。夢を現実にする！　夢のためにこれからも全力でお客様のために働きます。ご清聴ありがとうございました」

２０１１年6月、ＭＤＲＴアトランタ大会。篠原は日本人としては5人目のＭＤＲＴ世界大会のスピーカーとなった。篠原の講演のエンディングで会場は万雷の拍手に包まれた。感動で涙する者もいた。努力の人らしく、多忙な毎日のなかでも完璧な原稿を準備し、何度もスピーチの練習を繰り返した成果だ。

篠原は現在、新宿ライフプランナーセンター第7支社第2営業所に席を置く。新宿には現在、14の支社（２０１７年3月現在）があり、ライフプランナーだけでも５００人以上が在籍する、全国でも屈指のエリアである。しかも、ライフプランナーのなかでもトップランクに位置する営業パーソンが多いことでも知られる。

篠原はそうした刺激的な環境のもと、トップ保険営業パーソンのなかでも群を抜いた成績を挙げている。ソニー生命の海外表彰の最高基準である社長賞に10回、ＭＤＲＴでは12回登録のうち9回が3倍基準のＣＯＴというのだから、彼がいかにパワフルな営業を展開しているかは十分に理解できるところだ。

成功体験が彼を保険営業へと導いた

そんな今の彼を支えているもの、それは前職の「成功体験」にある。

トップ営業パーソンに共通する要素として、何らかの成功体験があるケースが非常に多い。共通した成功する法則があるのか分からないが、一度でも成功した経験のある人は、たとえ異業種に転職しても、前職の体験が十分に生かされるのかもしれない。

もちろん、転職したすべての成功者がこの体験を有しているわけではない。性格や運、人脈などでどうにか困難を乗り切っている営業パーソンも数多くいる。しかし、保険営業で成功している人たちと色々話をしてみると、何らかの成功体験があることは共通点としてあげられる。

篠原の成功体験は、前職の建築資材メーカー時代に遡る。大学卒業後の1996年4月に、ある建築資材メーカーに就職する。大学時代に化学を専攻していた彼は、そのメーカーで研究者として社会人のスタートを切るのだが、そもそもどうして研究職を目指したのかというと、「吃音」、つまり〝どもり〟がひどかったことが遠因になっている。

「今はだいぶどもらなくなりましたが、元はどもりがすごくひどくて、理系の道を選んだのも、言葉を武器にする仕事なんて到底できないという理由から、理系の研究職の道に進もうと思ったんです」

この会社に就職した理由がもう一つある。それは、会社の業務に対する彼の熱い思いだ。

「この会社では、ものすごくプライドを持って仕事をしていました。建築関係の建材メーカーですから、塗料とか左官材料を扱っていました。この左官というのは日本の伝統工法の一つで、江戸時代から続く職人のなかでも、プライドを持って仕事をしている方が多いのです。尊い仕事だと思います。そこで、日本の伝統工法を次世代につなげることが私の人生の使命、すなわちミッションである、という気概で仕事をしていました」

そんな前職に対する熱い思いを語った彼が、生命保険営業というまったく別世界に入ったのだから、そのきっかけがとても気になるところだ。

全国ナンバーワンの営業所長となる

篠原に転機が訪れたのは、入社1年目のこと。新入社員研修の赴任先である福岡営業所に、研究職ではなく営業職として配置されることになったのである。


「ことの経緯を話しますと、この会社は現場を知らないといけないということで、研究職という本来の職種と関係のない製造ラインとか、営業などに配属させていました。私も最初は製造ラインに入り、その後、研修を受けてから福岡営業所に赴任しました」

ところが、実際に営業職につくと、目の前のことには一所懸命やろうという彼らしく、めきめき頭角を現し、それが社長の判断で営業職のまま福岡営業所にとどまることになった。そして、持ち前の行動力とひたむきさ、誠心誠意営業という仕事に没頭した結果、吃音というハンディを乗り越えて、全国ナンバーワン営業所長となるのである。

この成果が、彼の人生を大きく変えることになろうとは、このときは彼自身思ってもみなかった。だから、ソニー生命から勧誘があったときも、最初は乗り気ではなかった。

「ソニー生命から、リクナビに建築資材メーカーの社員として私が出ていたのを見たと言って、リクルートの電話がかかってきました。当時、ソニー生命というのは、メジャーリーガー級のライフプランナーと呼ばれる営業マンが多数所属している会社で、優秀な人ばかりが集まっている、厳しい会社ということは私も知っていました。ですから、何か営業の勉強をさせていただくことができるんじゃないかなと思ったところがありまして、第1回目のＣＩＰ（Carrer Information Program＝ソニー生命が実施している採用プログラムで会社概要とライフプランナーの仕事について情報提供される）を受けました。自分の営業の勉強になる話を聞こうと考えたわけです」

ちょうどこの頃、篠原は営業マンとしての成果が認められて、横浜営業所所長という肩書がついていた。

同社に入社しておよそ3年。これまでの努力が実を結んだわけだが、横浜営業所所長として福岡営業所から赴任した背景には、彼の仕事に対するひたむきな熱意と、愚直なまでの誠実な対応が評価されてのこと。もちろん、福岡営業所での実績が買われたことは言うまでもない。

両親の愛情で吃音を克服する

ところで、吃音というハンディを乗り越えるには、相当な苦労があったことは想像に難くない。篠原自身、福岡営業所時代でも人との会話は相当苦労した。

「福岡営業所時代には、私が電話を取ると、『し、し、し、しのはらでございます』みたいな感じになってしまうので、クライアントからは『あの電話応対はなんだ。あの新人は電話に出すな』とか、『会社の品位下がる』などと言われました。でも、幼少時代からそんなことは山のように経験していましたから、あまり気にはしませんでした」

では、彼はこうしたクライアントの厳しい意見にどう向き合い、対応していったのか。

「当時はファックスをよく活用していました。ファックスなら活字だけですから。どうしても動かなければならないときは、若くて体力には自信がありましたので、汗を流して穴を埋めようと必死でした」

とにかく、汗を流し、誠意ある行動をすることを心がけたという。

彼の持ち味は、人並み外れた行動力、一所懸命さ。言葉で伝えるのが難しいといっても、そのハンディを行動と愛情をもって接してきたことが、持ち味となっていったようだ。特に両親から受けた愛情は、彼の吃音というハンディを克服する最大の要素になったという。

「小学校の本読みのときなども、「ぼ、ぼ、ぼ、ぼく」という感じですから、笑われて当たり前でした。それで、傷ついていつも帰ってくるわけですね。すると私の両親が愛情をもって私の話を聞いてくれるわけです。どもりの人にとってもっとも大切なのは、愛情をもって話を聞いてあげることです。聞くっていうのは、すごく大事なことなんです」

この両親から愛情を受けたことは、その後、保険営業に大いに生かされていることは確かである。

「ですから、私は言葉が不得意ですが、人の話を愛情を持って聞くことに関しては、幼少期からの経験でおそらく自然と身についていると思います。それが、今の仕事について、お客様の話に愛情をもって聞くことに徹する土台になっています。そして、言葉で足りない分は行動量でカバーする。それが、結果的に功を奏してきたのだと思います」

お客様を守る気持ちは誰にも負けない

こうしたスタイルで、建材メーカーの仕事に誇りと愛情をもって取り組んでいた篠原が、一本の電話からまったく違った道を歩むとは、想像もしていなかった。

当時、彼は生命保険会社にまったく関心がなかった。そして、1回目のCIPから2週間後、2回目の連絡が彼のもとに入った。今度面談する相手は、最初に連絡をしてきた営業所長ではなく、彼の先輩にあたるトップライフプランナーだという。

「当初は全然転職する気もありませんし、行く気もないわけですが、営業という仕事についてさらにクオリティを高めたいという思いはありましたので、そういった意味で何かいい刺激になればという感覚でした。そこで先方に、夜の11時しか空いていませんと言うと、11時でも結構ですと言われたので、仕事を全部終わらせてから会いに行きました」

夜11時過ぎ、彼は約束した新宿支社へ向かい、トップライフプランナーの先輩と初面談をする。そのとき、相手は開口一番、篠原にこう切り出した。

「私は、お客様を守るという気持ちは誰にも負けない」

おそらく、1回目のCIPのときに会社概要や、ライフプランナーの仕事については伝えられていた。次は、篠原の決断を促すために、実際に成功しているライフプランナーの話を聞かせたのだ。

現役ライフプランナーの、相当に気迫が込もった一言だった。

「お客様を守るために働く」

この言葉は篠原の胸に深く突き刺さり、共感・共鳴するものがあった。実は篠原自身も「お客様を守るという自信はある。建材メーカーだったけれど、本能的に、お客様を思うという強い気持ちは変わりない」という信念はあったが、眼前のトップライフプランナーの一言は、篠原に強烈なインパクトを与えただけでなく、「この人にはかなわない」と肌で感じさせるぐらいの気迫があった。

ここから、ソニー生命のライフプランナーとはどんな仕事なのか、篠原は真剣に考えるようになったという。

前職においても、建材メーカーの営業マンとして、顧客に愛される、喜ばれる商品を提供することに真剣だったが、真剣に考えたからこそ、「私が一番大切にしたいと思う人生って、このソニー生命のライフプランナーのなかにあるんじゃないか」と思うようになったと、篠原は当時を振り返る。

そして、篠原はこうとも考えた。

「ソニー生命の厳しさというのは、むしろ自分の意思のために動いて、もし結果が出なかったとしても、それは私自身に問題がある。このような考え方は、私の人生観にぴったり一致する。むしろその厳しい環境下で、自分自身が役に立ちたいと思うことを表現しないと、食べてはいけないんじゃないか」

つまり、彼の人生観とソニー生命のライフプランナーに求められているものは一緒ではないか、そう考えるようになったのだ。そういう気持ちを持つと、ソニー生命で働きたいという気持ちがどうしても抑えられなくなったという。

こうして2004年4月、篠原はソニー生命に入社し、ライフプランナーとしての第一歩を踏み出すのである。

自分は「カモメのジョナサン」

そこからの彼の勢いは止まらない。入社1年目で140数件の契約を締結し、その年にゴールデンルーキー（新人賞基準の倍）を獲得。そしてMDRTの初登録となった。彼は、保険営業に転職したときの心境を、小説「カモメのジョナサン」にたとえてこう話す。

「すごく孤独感を抱いているカモメがいたわけですよ。彼の名はジョナサンですね。その彼が、光るカモメの集団と会うわけです。そのカモメの集団というのは、格好良く飛ぶためにはどうすればいいのか、ずっと追求している、黄金に光輝くカモメの集団とジョナサンが会った。これって、私の追求していた生き方の集団だと思ったんですね。孤独がいいのか、光り輝く集団がいいのかを単純に比較することはできませんが、カモメのジョナサンは、光り輝く集団にどうしても行きたいという気持ちが抑えられなくなった。それで、シノハラジョナサンの新たな人生が始まったわけです」

実はもう一つ、彼がライフプランナーとして歩むきっかけとなった出来事がある。それは1995年1月17日に発生した阪神淡路大震災である。

「関西で過ごした学生時代、お世話になった方々が、あの震災で亡くなったりしまして、そのとき、命の大切さとか、1日というかけがえのない日々とは何かといったことを経験したんですね。あの経験があったことが、ライフプランナーとして人のお役に立てることがあるんじゃないか、そう思うきっかけともなりました」

自身の持ち味を存分に生かす

彼が幸運だったのは、同じ職場にソニー生命でも選りすぐりのトッププライフプランナーの鎌田聖一郎がいたことだ。こうしたトップライフプランナーからの助言や、営業ノウハウについてレクチャーを受けたことは、篠原のその後に大きな影響を与える。

「当時、鎌田さんからは本当に色々教えていただきました。特に保険営業における11の鉄則みたいなものがあって、その11のことを徹底的にやりなさいと教えられました」

これはソニー生命においてライフプランナー教育をする際に徹底している考え＝「しっかりと死亡保障の大切さを伝えること」だ。篠原はこれに強いインパクトを受けた。

――お客様には色々伝えたいことはあるだろうけど、一番大事なのは保障というものがどれだけ大切なものなのか、これだけしっかりと伝えるようにしなさい。

最初はどうしても熱心なあまり、顧客に対して色々アドバイスをしてしまう傾向がある。これも教えたい、あれも伝えたいとなって、気づくと肝心の話に進まないという典型的な負のスパイラルに陥るのである。

実は篠原も入社して3ヵ月間は思うように契約がいただけなかった。彼の行動力が並外れていて、一所懸命であることは顧客に伝わるだろうが、それが数字となって結果に表れないのである。相当焦っていたことは否めない。

事実、「契約件数は、おそらく3ヵ月で6件くらいじゃないでしょうか」と述懐するように、このままでは結果を残せないばかりか、せっかく転職し、自分の思いを顧客に伝えたいと思っても長続きできなくなってしまう。

そこで、先の鎌田の言葉が彼を起死回生へと導かせた。

つまり、契約を取りに行くというよりも、保険というものを知ってもらうことに周知徹底することに方向を切り替えたのである。これが奏功し、残り9ヵ月で140件近くのセールスを実現するのである。

そんな勢いに乗って2年目を迎えた頃、彼はエイムのPAC研修に参加する。

「ここで、福地さんからプロの姿勢とか、精神をもらいました。このとき、福地さんから、『もし営業する先がないというなら、たとえばバス停やタクシー乗り場で待っている人に声をかけるぐらいの気持ちがないとダメだよ』と言われたことは今でも頭に残っています」

PAC研修では参加者に「1日3件のアポ取り、週15件の面談数がMDRTメンバーとして成功し続ける鉄則」と話している。彼はこの鉄則の重要性を認識し、それを10年以上も欠かさず実践し続けている。

「最初は、毎日3件アポを取るって大変じゃないですか。だから、本当に1日3件取れるのかと聞きました。すると、あるトップセールスパーソン（岡田直人さん）の例を引き合いに出されて、『彼はどんなに大変でも毎日3件取っているよ』と。じゃあ、取れなかったらどうするんですかと聞くと、『取れるまで電話し続けるんだ』。そう言われたのも、とても強烈な印象として残っています」

篠原のいいところは、何といっても愚直なまでに一つのことを実践することだ。事実、2005年に先の研修を受講してから現在まで、欠かさずアポ取りを1日3件続けているのだから、その素直さと情熱は並大抵ではない。

ちなみに、彼のアポ取りの時間帯はこうである。

3件のアポ取りは、岡田直人は午前10時、午後1時、そして夕方の4時を基本にしている。もちろんこれは基本形であって、営業パーソンのやり方次第でどうにでもアレンジメントできるものだ。ようは時間帯でなく、とにかく1日3件のアポ取りを実践することが大切だということだ。

篠原はこの3件のアポ取りを、午前10時、午後2時、夜7時に設定している。午後の時間帯がだいぶ空いているのは、移動時間を考慮してのことだ。さらに彼は、これらの時間帯のほかに、午前8時というアポを入れることもある。

「早朝というのは経営者の方ですね。日中はなかなか時間が取れないので、早朝ならいいというお客様には、午前8時に入れることもあります」

こうした努力を日々、欠かさずに実践しているからこそ、実績も後からついてくるというわけである。

トニー・ゴードンをはじめ歴代の世界のトップセールスは、この毎日3件アポを取ることの大切さは、保険営業マンにもっとも必要不可欠なものだと言っている。

ずばり「紹介してください」と切り出す

顧客層について聞くと、その多くは個人顧客で紹介営業が中心である。何度も言うように、紹介営業ほどリスクが少なく、面談率をほぼ100％にしてくれる営業手法は他にはない。

篠原流の紹介営業の手法は至ってシンプルである。

「ご紹介いただいたお客様のところに行きまして、ずばり『ご紹介いただけますか？』とストレートに聞きます。ほぼ100％こうしたトークでお客様に聞いています」

一見すると厚かましく、傲慢で、強引すぎるといった印象をもたれることもあるだろうが、彼の場合はその前後のトークが顧客の心をひきつける。

「もちろん、いきなりご紹介くださいと言うわけではではありません。色々お客様と会話しているなかで、たとえば『うちのおばあちゃん、最近調子悪くて介護が必要になりそうなんだよ』と聞けば、『それなら介護に必要な情報もお伝えできますし、もし必要ならばドクターもご紹介できますので、ぜひお目にかかってお話させてください』と切り出します。あるいは『○○さんはタバコ吸わないね』と聞けば、『そんな方ならば、ぜひ一度お会いして保険についてお伝えしてみたいです』という感じです。トークのなかで何かキーワードになるものが見つかれば、それから連想してご紹介いただくのです」

この営業スタイルの根底にあるのは、篠原の「人の役に立ちたい」という思いがあってのことは言うまでもない。自分にできることは何か、何か役に立てることはないか、日々考えていることが、結果として紹介者への紹介につながり、保険契約に結びついているということだ。

「最近はがんにかかり困っている方が大勢います。がんで死ぬ思いをした経験があるとか、苦しんでいるという患者さんも多いですが、でもどこに行ったらいいのか分からないという方も多いです。そういった方々のところへ行って、じゃあ、がんにかかったらどんな病院に行けばいいのかとか、どんな治療ができるのかといった、相手のお役に立つ情報をあげると絶対に喜んでくれます。悩んでいたり、苦しんでいたり、辛い思いをしている人は絶対いますから、そこで自分が何をしてあげられるのかを考え、少しでもお役に立つことができれば、私としては社会貢献できていると思うんです。どんなささいなことでもいい。そして感謝されることが、実は成功体験にもなることを実感してほしいです」

では、篠原のようなトップ営業パーソンと、なかなか成績が上がらないとぼやく営業パーソンとの違いは何なのだろうか。これについて篠原はこのように分析する。

「おそらく、数字が上がっていないのは、どうやったら数字が上がるだろうかと日々考えているからでしょう。私の経験からすると、そうではなく、どうやったらお客様の役に立つのかということをすごく考えて、そこで自分ができることがあれば行動する。つまり、数字が上がるから、効率が悪いからではなく、どうやったらひと様のお役に立てるのか、それを愚直に追求していくことだと思います。生命保険という仕事だけを考えると、数字が上がるのは確かに成功といえるかもしれませんが、私が考える成功ではないのです」

篠原はさらにこう続ける。

「私が一番元気をいただくのは現場なんです。お客様から『ありがとう』とか『よかったよ』とか、そう言われると、それがすべて現場の成功体験となるわけです。保険営業をする立場でいうのもなんですが、保険を売ることも大事だけども、自分自身がひと様の役に立ったという成功体験をしていただくのが先決ではないかと思います」

現在、篠原の営業スタイルはさらに変化しているというが、顧客に向けられる熱い情熱だけは変わることがない。

正直ものが馬鹿をみない社会を作るには

彼がＭＤＲＴ会員となって、ＭＤＲＴ世界大会に参加したときのことである。会場で、トニー・ゴードン（２６１頁参照）に会ったことをよく覚えているという。トニー・ゴードンは、伝説的な保険営業マンで、生保業界に身を置く者なら知らないものはいない「保険営業の神様」的な存在である。

篠原は超積極的だ。片言の英語を使ってそのトニー・ゴードンに「どうしたら6倍のＴＯＴになれますか」と尋ねた。すると「決めることだよ。できるかできないかではなく、達成することを決めることだよ」との答えが返ってきた。保険営業マンにとって、ゴードンと話すことだけでも素晴らしい時間を共有できたことなのだが、この一言は篠原にとってどれだけの発奮材料になったかは、その後の彼の活躍でも明らかである。

さらに「Mr. Gordon, What's your dream?＝トニーさん、あなたの夢は何ですか？」と質問した。するとトニーは「Now」と一言答えた。「今だよ。今が夢なんだ。日本の青年とこうやってＭＤＲＴ世界大会の場で夢を語っている。この瞬間が僕の夢なんだ」

ＭＤＲＴ世界大会に初参加し、ＣＯＴやＴＯＴなど世界トップクラスの営業マンたちと出会った篠原は、世界トップクラスの彼らが放つオーラも笑顔も、まったく次元の違うものだったと述懐している。そこで受けた刺激は、その後の篠原にとって大きな原動力となったことは疑う余地もない。

ただし、篠原は、ＣＯＴやＴＯＴにこだわって仕事をしているわけではないという。

「数字の目標という意味においては、保険営業のプロとしてはＴＯＴを目指すことに意義はあるのかもしれません。確かに魅力的なことだとは思います。しかし、私自身は、もっと人のためにお役に立つことをして、少しでも社会貢献していく立場でありたい、そして、世の中にイノベーションを起こしていきたいという気持ちのほうがとても強いです。一所懸命まじめにやっているものが最後は馬鹿をみるような、そんな世の中ではなく、愚直だけども精一杯、一所懸命に行動をし、人のために役に立つことができる人間が馬鹿をみない仕組みを作ることが、これからの自分の課題だと思っています」

彼の人柄を表す分かりやすいエピソードは、前職の会社に挨拶に行ったときのことだろう。

「前職を辞めて社長にご挨拶に行ったときです。社長から『会社というものは、大小に関係なく、その会社のことを本当に思う人間が３人いたら絶対うまく回る。そのうちの一人はお前だと思っていた』と言われました。本当は社員が休みの土曜日にうかがおうと思ったんですが、『お前は全然悪いことやっていないんだから、皆がいる正面玄関から入ってこい。皆お前を温かく迎え入れるよ』と言っていただいたんです。涙が出そうになりました」

その社長曰く、「篠原のことを考えると、会社からいなくなったことはすごく悲しいが、社長の役目というのは、一人ひとりの力をいかに発揮させて、表現できる環境を作ることができるかだと思っている。会社に篠原がいないのは残念だが、篠原を育成する、育てるということに関しては、僕は正解だったと今でも思っている」と言われたことが、篠原の性格を何より表している。

これからも愚直なまでに、人の役に立つトップ営業パーソンとして活躍してくれることを期待してやまない。

篠原隆徳（しのはら　たかのり）
１９７４年愛媛県生まれ。甲南大学卒業後、建築資材メーカーに入社。
福岡営業所に配属後、99年横浜営業所所長に就任し、11年には業績日本一となる。
04年ソニー生命保険株式会社に入社。05年にゴールデンルーキー賞、
ＭＤＲＴ成績資格会員・ＣＯＴ（Court of the Table）に初回登録。
07年より現在に至るまで社長賞に連続入賞。
２０１７ＭＤＲＴ成績資格終身会員（12回登録）。ＣＯＴ会員に８回連続登録。

MDRTへの道

『契約を追わない紹介営業のスペシャリスト』

鎌田　聖一郎

ソニー生命保険株式会社
新宿ライフプランナーセンター第12支社
トップ・オブ・ザ・エグゼクティブ ライフプランナー
2017MDRT成績資格終身会員(18回登録)COT会員

社内トップクラスの営業スキル

ソニー生命のなかで、「鎌田聖一郎」という名前を知らないという人は、おそらくいないのではないだろうか。マスコミにも度々取り上げられ、2013年には『おかげさまで、ご紹介で営業しています。』（すばる舎）という著書を上梓している。紹介営業に重きを置いた内容は、同業者や保険営業で伸び悩んでいる関係者のよきバイブルとなっていることは間違いない。

それほどまでに、鎌田という人物は数字的に見ても他を圧倒するものがある。2016年11月末時点の顧客数は約4000人。年間に面談する顧客数はおよそ400人で、この内訳は、法人3割、個人7割と、圧倒的に個人顧客が多い。

鎌田のコンテスト歴を見ると、1999年4月に入社し、翌年2000年にゴールデンルーキーとMDRT会員になったのを皮切りに、それ以降は2017年まで18回連続でMDRT、さらにCOTを計8回（2006、2008、2009、2011、2013、

2015、2016、2017）登録している。つまり、ソニー生命に入社してから今日に至るまで、その営業力はまったく落ちることはない。

では、この実績を支えているものは、いったい何なのだろうか。

鎌田の営業スタイルの特徴は、社内でもトップクラスの「紹介営業」の達人であるということだ。これまでの実績はすべて、紹介営業によって成り立っている。つまり、彼の営業は「100％」紹介営業によって支えられているのである。

紹介ニーズは契約後と誤解するなかれ

鎌田の紹介営業とはどのような方法か。

まず、彼の顧客先への訪問回数と、顧客一人に費やす時間について聞いてみた。

「お客様一人に最低5回はお会いします。優績者の場合ですとトレンドは2回くらいですから、私は多い方ですね」

しかも、一回にかける時間は2時間。単純計算だと、顧客と初面談し契約に至るまでに、最低10時間はかけていることになる。
顧客との面会回数が多く、一回当たりにかける時間が長くなると、効率的にも費用対効果の面でもやや厳しくなるのではないかと思うところだが、ここに鎌田流の紹介営業の秘訣が隠されている。

「基本的に私は、紹介いただくことを前提にお客様と会っているので、最初から契約を取ろうとは考えていません。契約を取ることだけを優先している人は、私のように一人一回2時間の面会で計5回、縦に積むと10時間くらいかけるよりも、一回30分もしくは1時間で計2回ぐらいの面会回数で契約できたほうが効率的だ、そう考える人もいるでしょう。それはそれでいいのかもしれませんが、私は契約を追うということよりも、むしろお客様と接している時間をできるだけ長くして、保険というものを一緒に考えることをとても大切にしています」

鎌田が言うには、時間をかけるということは、それだけ顧客に彼自身のこと、ソニー生命という会社のこと、保険のことを理解してもらえる深度が高まることにつながってくる。一方、短い時間で契約を交わした顧客は、営業パーソンの人柄も、会社のことも、保険のことも深く理解したうえで契約しているとは言い難い。このことが、結果的に紹介営業を可能にするか、それとも難しくするかに大きな違いが出てくるというのだ。つまり、表面的には非効率と思えるような営業スタイルが、実は顧客との信頼関係を深め、最終的に紹介営業に結びつく方法だと、鎌田は考えている。

では、実際に5回の訪問時にどのような対応をしているのかを見ると、初回は「アプローチ」、次に「ライフプラン」、そして「ファクトファインディング」（顧客の話を聞く）、「プレゼンテーション」、最後に「クロージング」という流れをとっている。

一般的な営業パーソンだと、初回訪問時に商品内容の概要説明、そして顧客の意見を聴取し、それをもとに提案書を作成する。2回目で顧客の意見を引き出した内容をまとめた提案書を顧客に提示し、そこで検討のうえ契約という運びとなる。

この流れでいくと、大抵の場合、顧客を紹介してもらうタイミングは、ほとんどがクロージングのときに集中する。

一方、鎌田の場合、この順序はさらに細分化されている。しかも、顧客との対面にかける回数が多く、時間も2時間かけているので、保険に対する顧客の意見、要望などが、とても明確になる。ここが重要なポイントなのだ。特に最初のアプローチを重要視している。面談のアプローチに全体の9割以上ものエネルギーを注いでいる。

「最初の段階は、いわゆる雑談のようなものです。というのも、ご紹介いただいて初めてお目にかかる方ですから、こちらもお客様も緊張しています。ですから緊張を解くために世間話をしながら、これからの流れについて説明します。実はこの雑談のなかにこそ、未来の種が潜んでいるわけです」

この〝未来の種〟とは、顧客のいわば貴重な情報である。この貴重な情報を得るには、事務所ではなく、顧客の自宅に赴くことが何よりも大事だという。

「お客様との雑談により、色々なことが見えてきます。まずお客様の趣味が分かりますし、家具や調度品、お子さんの写真など、些細なこともすべてが貴重な情報なのです。まさに情報の宝庫ですよ。このような情報を得るには、支社ではダメなんです。常にホームではなく、アウェーでお客様と会わなければ」

ここに鎌田流の接客ポイントがある。

「今でもそれは変わりません。実は、ご自宅にうかがった方がお客様も私を覚えてくれるようです」

雑談の話題は色々だ。先述のように、鎌田は基本的に保険契約を取ることを前提に話をしない。むしろ、顧客が今何を考え、どんな要望を持っているのか、雑談の会話のなかで一つひとつ丁寧に紐解いていく。当然、顧客も、そうした会話のなかで、徐々に気持ちがほぐれ、やがて鎌田の人柄や、丁寧な対応に好意を抱くようになっていく。このプロセスが、顧客との信頼関係を築くうえで大事なことなのである。

訪問での面談は夫婦揃ってが基本

こうした対応からなのか、最初のアプローチの段階ですでに顧客から、鎌田に紹介したいオーラが発せられているという。本来なら、アプローチから一つひとつステップを踏んで、契約に至るまでの間に顧客との信頼関係が築け、そして最終的に契約締結時において、顧客から次の顧客を紹介してもらうというのがセオリーなのだが、彼の場合はそれが最初の段階ですでに発現（顕現）されているというのだから驚きである。

だからか、鎌田は「紹介ニーズ」は常にあるということを強調する。

また、顧客宅に赴いたとき、紹介者がご主人であっても必ずご夫婦で面談することをお願いする。こうした場合、鎌田は次のような点に留意している。


「ご主人に会う場合でも、奥様がいれば必ず奥様に同席いただきます。もし奥様に何か用事があって『先に始めててくださいね』と言われても、私は始めません。奥様が席に戻るまで、ご主人と雑談を続けます。そして、奥様が戻って席についてから、『では、改めてよろしくお願いします』と言ってご挨拶します。これは、雰囲気を変えてご相談させていただきますという、一種の切り替えのようなものです」


こうして、場や雰囲気のリセットをすることにより、顧客も雑談の流れで話をするのではなく、改めて保険の話を聞くという姿勢になるのだ。

ご主人だけでなく、奥さんが同席することにも意味がある。ひとつは、家の財布を握っているのは奥さんである確率が高いということ、そして、ご主人だけでなく、奥さんの人縁も大事な紹介ルートになり得るということだ。

たとえば、奥さんの姉妹などで子どもをもったママ友などの友人・知人関係も、大切な紹介ルートになる。だからこそ、奥さんにも話を聞いてもらいたいという気持ちが強くなるのである。

ここで、もう一つ鎌田のアプローチにおける特徴を紹介しよう。それは、訪問するきっかけを作ってくれた紹介者についてだ。

「ご紹介いただいた方にお目にかかったとき、できるだけ紹介者の話題を多く出すようにしています。紹介者とはどういった関係なのか、いつ頃からのお付き合いなのか、紹介者を話材にすることによって、さらにお客様との深度を高めることができます。紹介というカードは本当に強いです。ご紹介いただければ、どんなお屋敷でも堂々と入れますから。そして、ご紹介いただいた方から、新たなご紹介をいただくきっかけにもなります」

ドクターへの紹介アプローチ

たとえば、ドクターなどにアプローチする場合、鎌田は次のような経験をしている。

「ドクターというのは意外と友だちが少なく、ドクターからの紹介は、ほとんどがドクターです。以前、A先生のご紹介でB先生に会ったんですが、時間がないと言われたので、休憩時間の午後2時から3時の間で、15分ほど時間を取っていただきました。約束の日時に出向くと、ほとんど話をする時間がない。当時の私はまだ契約を追っていたので必死でした。先生に保険プランを見せて、『こんなプランがありますがどうですか、今度、保険証券見せてくれませんか』と話したところでタイムアップ。結局、資料を置いていってくれと言われたものの、その後電話しても忙しいと相手にされず、うまくいきませんでした」

ドクターの場合、なかなか時間を取ってもらいにくい傾向がある。開業医なら、午前診療と午後診療の間に休憩があるが、午前診療が長引き、ほとんど休みがないまま午後診療に入ることも多い。

そこで鎌田は、次のような方法に切り替えた。

「ドクターに会ったら、保険の話は一切しません。紹介いただいたA先生の話だけをするんです。『今回C先生をご紹介いただいたのはA先生ですが、A先生にお会いできたのは、A先生の奥様がうちの妻とママ友だったんですよ。A先生ともう一人お友だちのB先生はご存知ですか?』と聞けば、もちろんC先生は仲間なので『B先生はもちろんよく知っていますよ』と答えますよね。実はA先生とB先生は鎌田と個人的にも付き合いがあり、家族ぐるみのお付き合いをしているんですよ』と話しますと、このC先生は、『なんだ鎌田さんはA先生だけじゃなくてB先生も知っているんだね。じゃあD先生の所にも行っているの？』とC先生とのクラブ活動仲間にA先生・B先生の他にD先生という存在がいるという話が出てくる場合があるんですよ。『いえ、D先生は存じ上げませんでした』と言うとC先生は、『よかったらD先生を紹介するよ』と言われてつながっていくんです。こうした人間関係のつながりから紹介していただくと、ドクターの紹介営業が成り立ちます。こうして、どんどん人の縁つながりから広がっていくようになります」

これはドクター向けの一例だが、似たようなことはママ友などのグループでもパパ友の趣味の会でも、どのような先にも応用がきく。

「小グループであれば、ママ友だっていいんです。パパの趣味の会でもいいんです。小グループの付き合いはどこにでもあるものです。2、3人のグループであっても、そこからさらに友人知人、ご家族などが必ずいるわけじゃないですか。ですから、そういった方々を起点にして、次にご紹介いただいた方に紹介者の話をする。すると、その紹介者の話題を中心にすることで、また新たな人の縁が出てくる。そうやって紹介者を増やすこともできるわけです」

アプローチに白紙ペーパーを利用する

鎌田のアプローチにおける特徴として、顧客との会話をできるだけ用紙に書き留めておくことがある。彼はこれを「問診アプローチ」と呼んでいる。

「使うのはA4の用紙とサインペンだけ。ボールペンだと見づらいので、サインペンを使うようにします。そして、お客様ににこやかに『○○さん、今日は何を聞きたいですか?』と話します。ここでは弱気にならずに、堂々と伝えるようにします。もし、加入している保険関係の資料や保険証券があれば、しまってもらいます。そして、お客様が『今加入している保険が分からない』と言えば、用紙にサインペンでゆっくりと『今加入している保険が分からない』と書くんです」

書いているときには、「なるほど、今加入している保険が分からないんですね」と言いながらゆっくりと相槌を打つ。そして、顧客が、今支払っている掛け金が高いと言えば「高い」、安いと言えば「安い」と用紙に書く。こうすると顧客の本音が見えてくる。

「今加入している保険が納得いかなければ、3000円だって高いと感じるでしょうし、納得できれば多少高額でもお客様は満足してくれる。これを用紙に書くことで、色々な問題点を〝見える化〟していきます」

ときに、この用紙が4枚、5枚となることもある。また、家系図や飼っているペットのことなど、保険とは直接関係なさそうなことを書く場合もある。たまに「何かありませんか？」と鎌田が聞いても、「いや別に」と答えるケースもあるが、そうしたときは「別に」と用紙に書くそうだ。

「この『いや別に』という意味も色々ありまして、『保険がよく分からないから、何を聞けばいいのか分からない』という意味なのか、それとも単に関心がないととぼけているのか、その言葉の意味するところによって、会話の展開も違ってきます」

前者の場合、加入している保険が分からないから、という意味になるそうだが、「いや別に」の意味をしっかりと理解することも大切だと鎌田は言う。

「ご紹介いただいた方は、基本的に『何かある』方ですから、何もないわけがないんです。何もなければ私に会ったりしませんから。この『何か』を一緒に探してあげて、お客様が抱えている問題を解決することが大事なプロセスなんです」

先のBドクターではないが、もし、紹介された顧客に時間がないと言われたら、次のように切り返す。

「他の営業パーソンのなかには、15分、20分しか時間をもらえないから、仕方なく資料を置いて帰る人がいます。これでは意味がない。ここで大事なのは、資料を置いて帰るのではなく、『お客様の質問にきちんとお答えしたいので、次回はお時間をいただけますか?』と次につなげることです」

こうして、問診アプローチのときに書き留めた用紙は、契約まで破棄することはない。これには次のような理由がある。

「保険に入ってよかった」と感じてもらうプロセス

「お客様が、最初に話をしてくれたことの大部分は本音です。その後に色々な付加価値がつき、最初の話にバイアスがかかってしまうので、問診アプローチのときの用紙は最後まで残しておく必要があるわけです」

実際に顧客の需要を満たすような保険商品を提案すると、どうしても当初の金額より保険料が高くなることは否めない。もちろん、低く設定することもできるが、それでは、本当の意味で保険商品を提供することと齟齬が生じる。この辺りのジレンマをどのように解決すればいいのか、営業パーソンとしては悩むところである。

「確かに、お客様の要望に応える商品をプレゼンすると、今加入している保険料よりも高くなる傾向があります。最初は、もっと保険料を安くしてくれと言ったはずなのにと言う方もいます。でも、問診アプローチの段階でお客様と一緒に要望等を書き出し、それに見合う保険料の概算をはじき出し、仮に当初予定していた金額よりも高くても、お客様はその時点では何も言わないんです。私が帰った後に、ご夫婦で色々話をして、奥さんから、『あなた、そもそも2万円安くしてって話だったわね』『あ、そうだったな。なら満期までもう少し時間があるから、今すぐ切り替えなくてもいいんじゃないか』そう言って結局、次回のアポをキャンセル、ということになるわけです」

このようなことにならないように、問診アプローチがある。

「プレゼンをしているときに、お客様のご要望に沿って話をまとめて、条件を明確にして、そしてこのくらいは必要ということでまとめた提案書ですから、もし『安くしてって言ったでしょう』と言われても、『お客様のご家族を守るとしたら、私の技術を持ってしたら4万円が必要なんです』とはっきり伝えます。ここで、契約ありきの人ならば、減額を要求されるとそれに応じるかもしれません。しかし私は、問診アプローチの用紙を持っていますから、お客様とのこれまでの過程を考えると、この金額を提示した理由がお客様にも理解いただけるわけです」

結局、問診アプローチで書かれた内容は、鎌田の意見ではなく、顧客の言葉つまり要望であったり希望である。もちろん、彼が顧客から意見を引き出すために色々な問いかけはするが、しかし、書いてあることはすべて顧客の意思である。

そうすると、最初のときの顧客の要望と彼が提案したものとは、金額的に高い・安いという点にだけ焦点が当たっているだけで、相対的には顧客の要望に沿ったものだということが、顧客にも分かる。

加えて、丁寧に時間をかけて話をして、顧客の要望にも十分に応えているからこそ、顧客に話を盛っているという印象を持たれることもない。

このような流れを見ると、顧客が営業パーソンから説得されて契約をするのではなく、顧客自らが「納得」して契約をするようになる。鎌田がどうして時間をかけ、顧客に保険というものを理解させようとしているのか、そこには、顧客の理解度を深め、「保険に入ってよかった」と感じてもらうための大切なプロセスだということが分かる。

これこそがまさに、鎌田流の営業手法といえる。

契約を追わない営業セールス手法

今では押しも押されもせぬトップセールスパーソンの鎌田だが、保険営業なら必ず通る辛い道を彼も通ってきた。

彼がソニー生命に入社して4ヵ月目のこと。とある顧客の紹介でブティックを経営している女性を紹介された。その女性のお店は関西方面にあるので、鎌田は自腹を切って新幹線で向かった。

アポなしではなく、事前にアポを取っての訪問だったが、訪ねて彼が名刺を差し出すと「あら、保険屋さんだったの?」とまるで他人事のような対応であった。当然、彼女は鎌田が何の目的で新幹線に乗ってきているのか分かってのことだが、接客があるということで、1時間以上も待つことになった。


そして、1時間後、彼女は彼にこう話す。

「あなた、カラーセラピーって知ってる?」

関西方面までわざわざカラーセラピーを受けにきたわけじゃないと思いながら、彼は言われるままに料金を払って相手の話を聴くことになった。

「あなたは保険の営業をしていますよね。あなたには現在、見返りを求める姿勢が色濃くうかがえます。知り合いからの紹介だから、保険に入ってくれるだろうとか、そろそろ聞いてくれるだろうとか、そんな姿勢が色濃く出てますよ」

このセリフを聞いて、鎌田はハッと気づいた。


ちょうどその頃、彼はリストアップした先に訪問を続けていたものの、入社後3ヵ月で行けるところは全部行ってしまっていた。もう後がない状態だった。このブティック経営の女性を紹介してくれた人も、鎌田が懇意にしていた顧客ではなく、かなり関係の薄い顧客だった。それほど、彼は切羽詰まっていたのだ。

しかし、関西まで自腹を切って赴き、顧客に会ったはいいが結局、代金を払ってカラーセラピーを受けただけ……。どん底に突き落とされた気持ちだっただろう。

「入社当時28歳だったんですが、貯金もあまりありませんし、まだまだ頑張らないといけない状況でした。知り合いにあたるといっても、前職が旅行会社の企画のため、営業できる見込客リストの数も多くはありません。先輩からは、紹介をもっと増やせとか、アンケートを使えとか、色々言われましたが、試してもうまくいかない。とにかく新規契約を取ることだけしか考えていませんでした。そこを、目の前の女性経営者に見抜かれてしまった、とそのときは思いました」

結局、鎌田は有料でカラーセラピーを受けに、関西方面まで自腹で新幹線に乗り往復しただけに終わったのである。

「さすがに打ちのめされました。帰りの新幹線で3時間、涙が出てきました。ふと、あのブティック経営者の女性の言葉がよみがえってきたんです。そこで、自分を見つめ直しました。確かに見返りを求めていたと」

そのとき、鎌田は、先輩からの助言が耳に入らないでいたことをもう一度思い返していた。結局、自ら考え、行動しないことにはせっかくの助言も何の役にも立たないし、こちらもまた助言を受け入れる姿勢になっていなかったことに気づく。

このときから彼は、契約を追わないようになったという。顧客に喜んでもらえさえすればいい。目指すゴールは契約ではなく、保険というものを分かってもらえればそれでいい。トークは同じでも、目指すゴールを変えればいい。

「ここからですね。保険というものをお客様に分かってもらうまで、愚直に、平易に、分かりやすく、何度も繰り返しお伝えするようになったのは」

顧客になかなか契約をさせない営業パーソンというイメージが定着するようになったのも、こうした出来事が遠因となっていた。

そう、鎌田の、契約を追わない営業セールス手法は、このときに発現した。

後輩の育成と既存客へのフォローに奔走

現在、鎌田は、トップ営業パーソンとして活躍する一方、後輩たちの指導にも力を注いでいる。忙しい合間を縫って、月に1回から2回、自ら講師として全国にいる鎌田塾生に、営業ノウハウや保険営業の考え方などを教えている。

「2006年からスタートした鎌田塾（2016年11月末現在30人）では、社内の営業パーソンを中心に定期的にアプローチの方法を中心に、プラン作成やプレゼンの方法などを学ぶ勉強会という一面と、もう一つ、仲間同士の交流を深め、仲間への関心を持つ環境を作り出すということを目的としています。同じ支社でも、誰が何をやっているのか分からない状況がありますので、少しでもそうした環境を改善し、また、営業に行き詰まった人が一人で悩むのでなく、支社のなかで助け合っていく環境が作れればと思い、始めたものです。そのほか、講演を年間50回ほど行っています」

今、鎌田がもっとも力を注いでいるのは、既存顧客への対応である。これまでは、保険について詳しく、丁寧に、分かりやすく顧客に伝え、契約数を順調に伸ばしてきたが、契約後のアフターフォローについても丁寧な対応を心がけている。

鎌田が紹介営業によって新規先を探すという時間に余裕を持てる分、少しでも別なことに有効活用できることが考えられる。

たとえば、既存顧客へのフォローは、新規契約と同じくらい重要な業務である。当然に時間を要する対応が求められることが想定できるが、前記のように新規先を探す時間を、既存顧客へのアフターフォローに充てることも十分可能になる。

こうした既存顧客について、鎌田は次の2つが営業パーソンとして大事だとしている。

①お客様から忘れられないこと
②自分がお客様を忘れないこと

この2つを満たす最適な方法は、顧客に直に会うことである。直接会えば、こちらの顔や名前などを忘れる顧客は滅多にいない。

「ただ、実際には定期的にお目にかかれない場合もありますので、この2つの不足分を補うために、一言を添えたハガキやメール、ソニー生命で発行している冊子などを送るようにしています」

紹介営業の達人から学んだ鎌田塾の塾生たちが、やがて師匠を超えてさらなる飛躍をすることを、鎌田は嬉しそうに見守っていることだろう。

鎌田聖一郎（かまた せいいちろう）

1970年埼玉県生まれ。埼玉大学教養学部卒業後、94年に近畿日本ツーリスト株式会社に入社。温泉バスツアーの企画を担当する。99年4月ソニー生命保険株式会社入社。16年連続社長賞を受賞。00年から17年まで18回連続してMDRT登録、COT（Court of the Table）会員登録8回（06、08、09、11、13、15、16、17）。業界を問わず全国各地で年間50件以上の講演会を行っている。著書に『おかげさまで、ご紹介で営業しています。』（すばる舎）がある。

AP
F
P
CN

MDRTへの道

『独自の時給管理法で目標を設定する』

山地　健吾

メットライフ生命保険株式会社
広島第一エイジェンシーオフィス
コンサルタント上級部長
2016MDRT成績資格終身会員　COT会員

信用組合時代の苦い経験

山地が勤務するメットライフ生命保険広島第一エイジェンシーオフィスは、広島平和記念公園からほど近く、広島県庁はじめメガバンクや地銀などが軒を連ねるビジネス街、紙屋町の一角にあるビルに居を構える。

彼が所属する広島第一エイジェンシーオフィスは、かつてTOTを10年続けて達成した先輩を輩出した、広島県内でもっとも伝統のあるオフィスだ。メットライフ生命の営業部隊（＝コンサルタント）は総勢4000人いるが、毎年優績コンサルタントを海外で表彰している。2016年パリで開催された年間上位の海外表彰（＝MVP）で山地は全国7位に輝いた。

彼が生命保険業界に入ったのは2001年になる。

「前職は地元の信用組合で、預金や融資業務を担当していました」

金融機関に入った理由は、「母親から堅い職業に就いてくれ」と懇願されたからだ。というのも、彼は幼い頃から自動車が大好きで、学生時代も友人たちとつるんではサーキットに行き、サーキット走行して楽しんでいたというほど、根っからのカーキチだった。

彼の遊び仲間には、本格的にレーサーになったものもいるが、もし彼が母親の言うことに耳を貸さず、自分の好きな道を歩んでいたら、レーサーになっていただろうというほど、大の自動車好きだ。

それがなぜ、信用組合の職員になったのか。

「母は美容師で、商売は大変だと常日頃から口にしていました。私は幼いときから車が大好きでしたから、もしレーサーなどを目指すなら、サラリーマンでは実現できないと思ったんです。母親の後を継いで美容師になってもいいと思っていました。しかし母親から、『美容師はやめてくれ。できれば堅い職業についてほしい』と言われ、では何をすればいいのかと聞くと、銀行員になってくれというのです。銀行員かと最初は思いましたが、他の商売をやるにも銀行員の経験はマイナスにはならないと言われました。そして、好きなことをやるなら銀行員をやめてからにしてくれと強調され、それで地元の信用組合に入りました」

彼の車好きは、母親がかつてポルシェを2台所有していたことが大いに影響している。
「当時の女性としては珍しく真っ赤なポルシェに乗っていました」と山地は振り返る。

母親から懇願されたこともあり、大学を卒業した山地は地元の信用組合に就職する。しかし、配属された預金・融資業務で、どうしても馴染めないことがあった。
「私は融資というのが好きじゃありませんでした。当時、ナニワ金融道という漫画がヒットしていた頃で、そこで〝マチキン〟とか、〝消費者金融〟といった貸金業の話が出てくるわけです。マンガでは、貸金をするとドツボにはまって人生が大きく狂っていく。だから、貸すとか借りるといったことがどうしても好きになれなかったんです」

信用組合などの金融機関にとって、融資業務は重要な柱の一つ。もちろん、マチキンや消費者金融と混同することに無理はある。しかし、それよりも何よりも、山地にとってお金を貸す、お金を借りるという行為そのものに対する抵抗感は、どうしても払しょくできなかった。

実は山地には苦い思い出があった。信用組合時代、借入れの返済ができずに自らの命を絶ったある経営者のことだ。「社長自ら保険をかけての自殺」だった。自殺は決して許されるべきものではないが、自らの命を賭した社長の保険金が支払われたことについては、理解できなくもなかった。

「今では融資も、商売をやっている方にとって必要なことは分かっていますが、当時はまだ許容できなかったんでしょうね」

こうした経験もあり、彼の融資に対する嫌な思いはますます強くなっていった。

現状を打開するきっかけを求めて

どうしても馴染めない環境のなかで、ある日、彼の先輩が生命保険会社に行って面接するという話を聞いた。メットライフ生命の前身である、アリコジャパンで働く人からの誘いだという。

そもそも山地が生保業界に入ったのは、2人の先輩に影響されている。一人は、彼の大先輩で、すでにアリコジャパンに入社していた人、もう一人は、彼の1年先輩で彼をアリコジャパンに連れて行った人である。

「私の1年先輩が、その大先輩から誘いを受けてアリコジャパンに面接に行くというので、私も一緒に連れていってもらったんです。こいつ、何をしについてきたのかと、当時は思われたでしょうね。そこで色々話を聞いていたら、月払保険料2万5000円を週2件、月8件獲得し続けると60歳時点の退職金が計算上は1億円になると。もちろん、そう簡単にいかないことぐらい誰だって分かりそうなものですが、当時の私はそんなことが本当に起きるのかと思いました」

彼を後押しした要因は、他にもある。信用組合で預金・融資業務担当として働いていたが、融資は苦手でも、預金は得意だったこと。預金商品を顧客に勧めるのは、彼にとっては理にかなった業務だった。もう一つは当時、結婚していた妻からの一言である。

「当時の給料はあまり多くなかったですが、コンプレックスなどまったくありませんでした。親がマンションなどの資産を保有していたので、比較的裕福だったと思います。ところが、その頃結婚した妻から『あなたは貯金ないよね』と切り出され、妻の友人の旦那さんの話をされました。給料がいくらぐらいで、貯金はどれだけあってといったことです。そう言われると、男としては面白くないですから、だったら完全歩合給の会社で働けば、ずっとその旦那のように稼げると、そういう気持ちがあったんでしょうね。それからは、ずっと自分が思い描く条件に合う職場を探していた気がします」

「生保業界に入った当初の収入は安定していなかったし、厳しい毎日だったので、来月はやばいとか色々弱音を吐いていたのは事実です。妻は極端に質素で倹約家だったので、毎月の収入が確実に見込めない仕事は気に入らなかったんでしょう」と振り返る。結局、その奥さんとは価値観の相違もあって離婚することになる。

私生活では辛い経験もした山地だったが、それでも「ついに見つけたと思いました。何か現状を打開するきっかけが欲しかったので、ようやく天職というか、好きな仕事に縁ができたと思いました」と自分が望んだどおりの転職だったことを強調する。

契約した顧客に次々と解約される

前職が金融機関だったこともあり、山地は保険商品についての知識習得はそれほど苦にしなかった。取り扱う保険にどういう優位性があるのか、顧客にアピールすることもまったく問題はなかった。以前に融資で苦い経験をしていたから、保険商品を顧客に売り込むことは、理にかなっていたといえる。

2001年4月にアリコジャパンに入社した山地が初契約となったのは、イニシャルマーケットの顧客だった。

「確か、終身保険と医療保険に加入していただき、月払い保険料が6万4750円だったと思います。初月はその1件だけでした」

もちろん、嫌な思いもしている。

「イニシャルマーケットの見込客、つまり信用組合時代のお客様や友人は、私が保険営業で話を聞いてほしいと言うと、態度がガラッと変わり完全拒否反応でした。これは想像だにしていなかったので、愕然としたのを覚えています。しかし、保険商品自体は非常に優れていたので、お客様にどう伝えればいいのか、それに腐心する毎日でした」

イニシャルからの契約はほとんど獲得できなかったので、電話帳の職業欄ごとにページをめくり、上から順に電話しまくるといったこともやった。母親が美容院を上手く経営していたので美容院への飛び込みをよくやった。信組ではいわゆる、〝どぶ板営業〟をやっていたので、コールドコールも飛び込みも苦ではなかった。

入社から3年間は山地の生命保険販売の基本理念（＝幹）になるものがまったくなかった。銀行や証券業界から生保に入った者のなかには、どうしても生保業界に馴染めず、保障を売ることから逃げるものもいた。「もしもご主人に万が一のことが起きたら……？」という話ができないと悩むもののなかに、山地も含まれていた。飛び込み先へは資産形成商品として3年払込終身保険を勧めていた。これは手数料が少ないし、保障を売るべき生保コンサルタントが本線から逃げていた。

飛び込んだ法人には損金話法で今は販売中止になった長期傷害保険を販売した。当時は全額損金になるという話で、社長の関心を引いた。このように何とか数字を作るという営業で成績を収めていた。3年目の数字で2004年にMDRT会員になるが、「毎日が切なく、辛かったです。こんなやり方がいつまでも続くわけがないと思っていました」と山地は述懐する。

やはり、3年経って心配が現実化する。これまで契約した顧客のほとんどが解約を申し入れてきたのである。

「やっぱり付け焼き刃的販売は長くは続かないです。せっかく苦労して契約をいただいたにもかかわらず、ほとんどが解約になってしまい大変でした」

今、山地の顧客の多くは、入社4年から5年目以降の人だという。それ以前の顧客はほとんど定着していない。やはり飛び込みではしっかりとした信頼関係は作れない。入社3年目に立ちはだかった大きな壁だった。

エイムのPAC研修に初参加

しかし、どうやって現状を打破したらいいのか分からない。このまま手をこまねいていては、この先の保険営業に支障が生じる。熟慮の末に出した結論は、この状況を打開できる方法を見つけるための情報を得ることだった。そこで彼は、福地が主催するエイムのPAC研修への参加を決める。

「福地先生が現在のエイムを立ち上げたのは、2000年前後だと思うんですが、私がこの業界に入った頃、本社が全国のエイジェンシーマネージャー（AM＝所管長）やエイジェンシーセールスマネージャー（ＡＳＭ＝リーダー）を対象にした研修を福地先生に発注していました。福地先生は、研修を受けたＡＭの紹介で各所管を回り、ＰＡＣの宣伝講演をしていたんですね。私の所属する広島にも来たんです。本社の研修は、採用と育成トレーニングを行っているＡＭやＡＳＭが参加対象だったので、セールスの私は受講できなかったんです」

「このとき福地先生は私のオフィスで自信をもってこう言いました。『良い保険の三条件知っていますか？　１に良い会社、２に良い商品、３に良い担当者ですよ。良い会社とはつぶれない会社です。アリコさんは格付けがＡＡＡ（トリプルエー）という最高の通信簿をいただいている会社じゃないですか（現在のメットライフ生命のＳ＆Ｐの格付けは２０１６年12月現在ＡＡマイナス）。そして皆さんの売っている商品も十分な競争力のある良い商品です。さらに皆さんはお客様を守ろうと日々勉強努力をされている良い担当者ですよ。最高の会社でフルバリエーションの良い商品を持ち、最高の担当者ですよ。そのアリコの皆さんが自信を持って保険を売らなくてどうするんですか。日本の生命保険業界は良くならないですよ』と」

さらに山地は続ける。

「また『しっかりと個人保険を毎週月払い保険料で6万円以上取り続ける。プラス3ヵ月に1回位、法人にドルの終身保険をどんと売る。損金話法ではなく、堂々と全額資産計上で会社の資産増大を図るんですよ。この販売方法だと税法改正の影響も関係ないし継続率も安定するんですよ。これが正々堂々のプロのコンサルタントの道です。お客様の保障と資産形成を同時にできるのは生命保険だけなんです。この王道で夢を実現するのです』と。これを聞いて、この人の研修に参加すれば、生命保険販売の幹になるものが得られる！　そう思って参加を決めたんです」

山地は研修費を自腹で支払うことにした。これまで、FP研修などいくつかの研修に参加したが、どれも教育訓練給付金で費用の大半が戻ってきた。ところが今回は別である。自分で大枚をはたいて、どれだけの効果を得られるのか半信半疑だった。それでも、現状を変えるには何かしなければいけない。こうして2005年6月、大阪で第1回目のPAC研修を受けた山地は、衝撃を受けた。

「福地先生のやり方なら、これからは自信を持って生命保険の営業ができる。よし、この方法を徹底的にマスターしよう！」

山地は第1回のPACを6月に大阪で受講後、翌7月すぐ東京で、さらに8月札幌でと何と3ヵ月連続で受講した。

やるなら徹底的にやる。山地のこのスタイルは今も変わらない。

「自信がなかったんでしょうね、当時は。お客様のところに行っても、研修を受ける前までは迷いがありました。実際に保険の契約をいただくと、一件当たりの手数料が高額だったので、お客様には喜んでもらう一方で、自分がこんなにもらっていいのかという罪悪感のようなものがあったんです。周囲からはよくやっていると言われ続けていたものの、何か自分のなかで消化しきれない部分もあったのかもしれません。だから、自信をもって営業できる幹のようなものが欲しかったんだと思います」

潜在意識を取り入れた営業スタイル

山地が自信をもって保険営業に取り組むようになった2005年以降、成果が着実に形となって表れる。初めて会社の最上位の海外表彰であるMVPに入賞したのである。以来、6回達成する。もちろん、PACを受講後4回連続でMDRT会員基準も突破する。

ＭＤＲＴを目指したきっかけを聞くと、

「当時オフィスにいた優績者の名刺にＭＤＲＴの金色の盾のマークが入っていて、とても格好良かった。このＭＤＲＴロゴの入った名刺に自分の名前が入っているのを毎日イメージしていた」と語る山地。

ところが、２０１０年に一度、ＭＤＲＴが途切れてしまう。ちょうどこの頃はアリコジャパンがＡＩＧ傘下から離れ、メットライフ生命に買収された時期とぶつかる。

「このときは、社内的に慌ただしく、業務に集中できなかったこともあってか、思うような保険営業ができなかった」と山地は振り返る。しかし、ここで落ち込んでばかりもいられないと考えた彼は、別な視点で気持ちを切り替えようとする。このときから取り入れるようになったのは、潜在意識についての取り組みである。

「心の使い方というと、明治から昭和にかけて独特の思想を説かれた中村天風氏が有名ですが、実在意識と潜在意識についても彼は心の働き方だと言っています。とくに潜在意識についてもう少し取り入れようと思い、そうした研修なども受けるようにしたんです」

たとえば、潜在意識に訴求するうえで基本的なものにアファメーションがある。山地は福地の研修に参加して、アファメーションを初めて知った。

「当時はアファメーションという言葉の意味すら知りませんでしたが、２００５年に初めて福地先生の研修に参加したとき、先生が作ったアファメーションカードを見て理解しました。当時のカードは両面が白紙で、表には将来の自分、裏面には将来の自分がなるための今やるべきことを記入するというものでした。私は両面に自分のやるべきことなどを書き、実行に移すことで積極的な自分が発揮できるようになると言われ、それを愚直なまでに実行したわけです」

今でもアファメーションを続けていると山地は言う。

山地流成功哲学は時給管理法

そしてもう一つ、山地が実践していることがある。それは手帳にびっしりと自分の行動を管理する「時給管理法」（以下、「時給管理」という）を取り入れたことだ。

手帳の活用法については、これまでも様々なビジネスパーソンや経営者がその手法を本などで紹介しているが、山地の時給管理はまた独特である。

まず、自分が目標とする金額を設定する。その金額を265日で割り、日給を算出し、そこから1日の労働時間で除してやると、時間給が算出できる。この時間給が、その年の基本時給となるのだが、この時間給の活用方法について、彼は次のように説明する。

「たとえば、この3年間で年収を1億円達成したいとしましょう。いきなり1億円は達成できないので、3年間という期間を設けているわけですが、ここでは年間1億円を目標値として設定します。この1億円を、休日を除き265日（山地は休日を100日と決めている）で割ると、日給が約38万円と算出できます。これを1日10時間働いたとすると、時間給にして3万8000円となります。ここで大事なポイントは、1日10時間働くというイメージではなく、10アクションすると38万円稼ぐというようにすることです」

ここで山地がいうアクションとは、日常のあらゆる業務や顧客対応など、その人の行動事項を指す。

たとえば、山地自身が設定している行動事項には、「紹介を依頼した」、「解約を防止した」、「お客様からの用事を受けた」、「受けた用事を処理した」、「保全活動をした」などがあり、これら日常業務の一つひとつの項目を1アクションとしているわけだ。
「これはこういう事項を入れなさいということではなく、それぞれの営業マンが日常で必要だと思う項目をあげればいいんです」

しかも、これらの項目を1つクリアしたら1時間というわけではなく、「白地のアポであれば2時間分、普通のアポなら1時間分とか、業務内容的に価値が高いと思われる項目は換算時給を変えてもいい」という。「研修を受けた」などは実際に受けた時間分計上している。

「ですから、普通に業務をしていれば何らかの仕事をしているので、本来はゼロになるということはありません。そして、このような時給換算していくと、必ずといっていいほど目標値をはるかにオーバーします。たとえば、白地のアポによって95人面談したとすると、それだけで月給にして700万円を超えてしまいます。これ以外のアクションを普通にこなすと、軽く1000万円を超える計算になります。バーチャルの世界とはいえ、1000万円稼いだということを潜在意識に刷り込むことができます」

山地曰く、潜在意識というものはバーチャルとリアルのどこが境界線なのかはっきりと区別することはできないという。

「だから、今月は1000万円稼いだ、また今月は1400万円稼いだとなると、潜在意識は現実か仮想かを認知できないですから、リアルとの間に垣根がなくなり、あたかも、言い続けていることが実現したかのような意識になっていくわけです」

当初、山地は目標値を2500万円に設定し、前記のような潜在意識と実在意識のなかで時給管理を行った。すると、3年間で設定した目標値の2500万円をクリアしたのである。その次は倍額の5000万円に設定したところ、さらに3年間で目標金額に到達したという。

「この方法で目標を設定すると、すべて3年間で目標値を達成することができました。今度は1億円ですが、この成果が見えるのは、3年後ですね」

そう言って笑う山地だが、今回も実現できる自信があることは言うまでもない。

他の人が山地のこの方法を真似しても、なかなか目標値到達を実現できないという人は多いと彼は言う。それはなぜなのか。

「この方法はどんな人でもできるんですが、実現できないという人も多い。それはおそらく、私のように続けられないからでしょう。達成できたからそこでおしまいではなく、達成したらまた次の月、次の年と継続することが大事なんです。失敗する人の多くは、継続できていないようですから、諦めずに継続してほしいと思います」

もう一つ、彼が実際の数字で表すのには理由がある。

「実際の金額ではなく、ポイント制にしている人もいます。それはそれでいいですが、ポイントというのは何か漠然としていて、説得力がない。たとえばこの項目を達成したから20ポイント獲得と言われても、ピンとこないんです。であれば、いっそのこと実際の数字のほうが具体性もあるし、ワクワクすると思ったんですね」

時給管理で貯まったバーチャルなお金を使う

この時給管理には、さらにユニークな点がある。それは、目標値以上にオーバーしたバーチャルなお金を使うということだ。ないお金を使うとはどういうことなのか。

「たとえば月に1000万円計上したとします。すると、その1000万円を使って何かを買ったことにするんです。買うものは何でもいいです。パソコンでも、テレビでも、自動車でも。買うといっても、買いたい商品をスマホなどで撮って買ったことにするのもいいですし、実際に買ってもいいんです。買った金額は、貯まったお金から差し引くわけです。もし200万円の自動車をバーチャル購入したら、1000万円から差し引き、800万円と書いておく。つまり、バーチャルなんだけれども、バーチャルの意識のなかでリアルな部分を作り出すことで、バーチャルとリアルの区別がつかないようにする。こうすると、バーチャルだった世界が、リアルな世界になっていくわけです」

山地が言うには、こうしたバーチャルの世界が描けないと、リアルな世界も描くことはできないし、実現もできないという考えがあるからだ。「だから、リアルで創造できないことを、バーチャルで作り出す」ことで、再び、リアルの世界に戻すことができるというわけだ。

「小説を描くようなもの」と山地は比喩したが、「事実は小説より奇なり」というたとえのように、小説という空想の世界を生み出す以上に、実際上はもっと劇的で小説を超える力がある。さしずめ、山地は潜在意識と顕在意識という二面性をうまく活用し、時給管理という独特の手法に落とし込み、自分自身が自然に空想から現実に移行できるように巧みに自らを操っているといえよう。

もう一つ、ユニークな点がある。それは、「その日の午前中に時給目標のすべてが達成できたら、午後は休んでもいい」ということだ。その人が目標とする行動がすべてやり終えたとすると、そこで業務を終了してもよいということだという。もちろん、正規の就業時間に関する規則があるので気持ちのうえでの話だが、精神的に余裕が生まれる要因になりえる。

彼がこの方法を使って試みている背景には、同じ数字を追い求め続けることはなかなか難しいということがある。ましてや平均化することは無理だが、行動については平均化できることが分かっているからだ。

「数字の平均化は正直難しいです。毎月３００万円をリアルに契約取りましょうといってもなかなかできないですから。しかし、行動については平均化できます。なぜなら、行動パターンを自分で設定すればいいだけですから。自分がやらなければならない仕事を手帳に書いておき、それを1日最低でも10アクション続ければ、目標値に到達できるわけです」

究極の夢であるTOTに向かって

山地はこれまでに途中2回ほどMDRTを逃したものの、以降は続けて6年間クリアしている。そして2016年、ついにMDRTの3倍であるCOTを達成した。

かつて山地は色々と夢を描いていたという。

「学生時代に描いていたボンヤリした夢は全部叶えてしまいました。ですから、物欲といったものは今ほとんどないですね。そしてここ1、2年の間に、新たな気づきがありまして、この延長線上で描く夢が3つあります」

山地が描く夢とは、

①健康を意識しない健康
②人の目を意識しない生活
③お金を意識しない生活

の3つだそうである。

「金融機関の人間なのに、お金を意識しない生活なんて不可能じゃないかと言われそうですが、実際その通りなので。だから究極の到達点なんです」

彼は、物欲よりも、これからはむしろ精神的な達成感が大事になると語っている。

「人様に迷惑かけない、社会の役に立てる」という大前提があってのことと付け加えたが、このようなところにも山地の細やかで行き届いた配慮が見え隠れする。

これからの山地にとっては、これまでの自分を育ててくれた会社であり、顧客であり、研修で世話になった福地への感謝の気持ちをどう伝えるべきかを考え、行動することがひとつの課題でもあるという。

これを実現するには、さらに新たなステージを求める必要もあるだろうし、自分をさらにチェンジする必要があるのではないかとも考えている。

では、COTの次のTOTは究極の目標といえるのだろうか。

「確かにそうですね。TOTになることで何が変わるのかというと、より多くのお客様が会社や自分を信用して契約をしてくださるのですから、さらに信用度が高まると思います し、研修でお世話になった福地先生の宣伝にもなると思っています。もちろん、上を目指すことで新たなステージに向かうわけですから、今まで経験したことのない苦しみを味わうことにもなるでしょうが、さらに上を目指すことはお客様のためになるし、周囲の方々にとってもメリットにつながると思います。自分もさらにもうワンステージアップしていかなければいけないと思っています」

所属オフィスの伝統を継承する

先述したように、山地の所属する広島第一エイジェンシーオフィスは、かつてTOTを10年続けて終身会員になった先輩を輩出したオフィスでもある。また、彼の保有契約の5倍ほどの保有契約をもっていた大先輩が所属していたオフィスでもあるという。こうした伝説の営業マンを輩出したオフィスに所属していることで、彼もまた、伝統を継承していこうとする気持ちが強い。

山地は現在、所属するオフィスで3年連続して契約金額第1位を獲得しているが、伝説的な先輩たちがいた頃と比べると「全体的に小ぶりになってきている」と分析する。ただ、それでもオフィス全体の予算は達成できているという。山地は、こうした伝統のオフィスを守っていきたいと、これまで以上に強く思うようになってきた。

「東京にもＴＯＴの終身会員がいらっしゃいまして、広島のＴＯＴ終身会員の方と話をお聞きしたことがあります。お二人とも言葉に説得力がありますし、商品知識についても終身保険の話だとか、心構えといった部分で多くのことを教わりました。商品説明に関しては、福地先生の研修で学んだことで、さらにステップアップできたと思います。ですから、会社のバックグラウンドを活用し、テクニック的な部分ではエイムから得た知識を活用して、今後も究極の夢に向かっていきたい」

山地はこう目標を述べた。

もう一つ、ＴＯＴ終身会員の先人たちに共通して学んだことがある。それは「資産運用をしないこと」だという。

なぜ資産運用をしないのか。

「あえて資産運用はしていないと聞かされました。ＴＯＴの方々は、資産運用をすることが一種の逃げだと考えるそうです。つまり、何かのときの補てんとか、そういった意味で資産運用をしては、本来の保険営業としてはどうなのか、ということなのでしょう。私は、資産形成といえばお客様に勧めるくらいですから、終身保険はしっかりやっていきます。それ以外の株投資などには一切手を出していません。日々この仕事だけで食べていくという覚悟をもって活動しています」

以前であれば、終身保険を厚くする販売先は、法人や一部の富裕層に限っていたというが、最近では一般の家庭にもそうした部分は必要になってきている。「これも高齢化社会になってきたからだ」と山地は分析するが、こうした考え方は会社ではなく、福地の研修を通じて学んできたことだという。

「長生き時代には、ますます保障の切れない商品が必要になってくる。60歳で切れる保険では長期就労時代にはミスマッチです」

業界に入った頃は、まだ十分な自信がなかった山地だったが、今ならば力強く顧客にこう言い切れる自信があると、答えてくれた。

「山地健吾アファメーションします。私は素晴らしいコンサルタントだ。私の話はお客様に100％満足していただける。私は健康だ。私はお金と時間に余裕がある人生を過ごしている。私の家族も健康で豊かだ。私の妻は若くて美人だ。私の子どもも素晴らしい」

これは、山地がエイムの研修の時間で書いた自分のアファメーションの一部だ。「『なりたい』とただ何となく思うだけではダメです。なっていないときでも、未来完了形で頭の中でイメージしてできてしまっている自分を力強く宣言するんです」

山地健吾（やまじ けんご）
1969年広島県生まれ。広島経済大学卒業後、地元の信用組合に入組。9年間勤務ののち01年4月アリコジャパン（現メットライフ生命保険株式会社）入社。現在に至る。
MDRT 11回、COT（Court of the Table）1回 MVP 7回受賞。

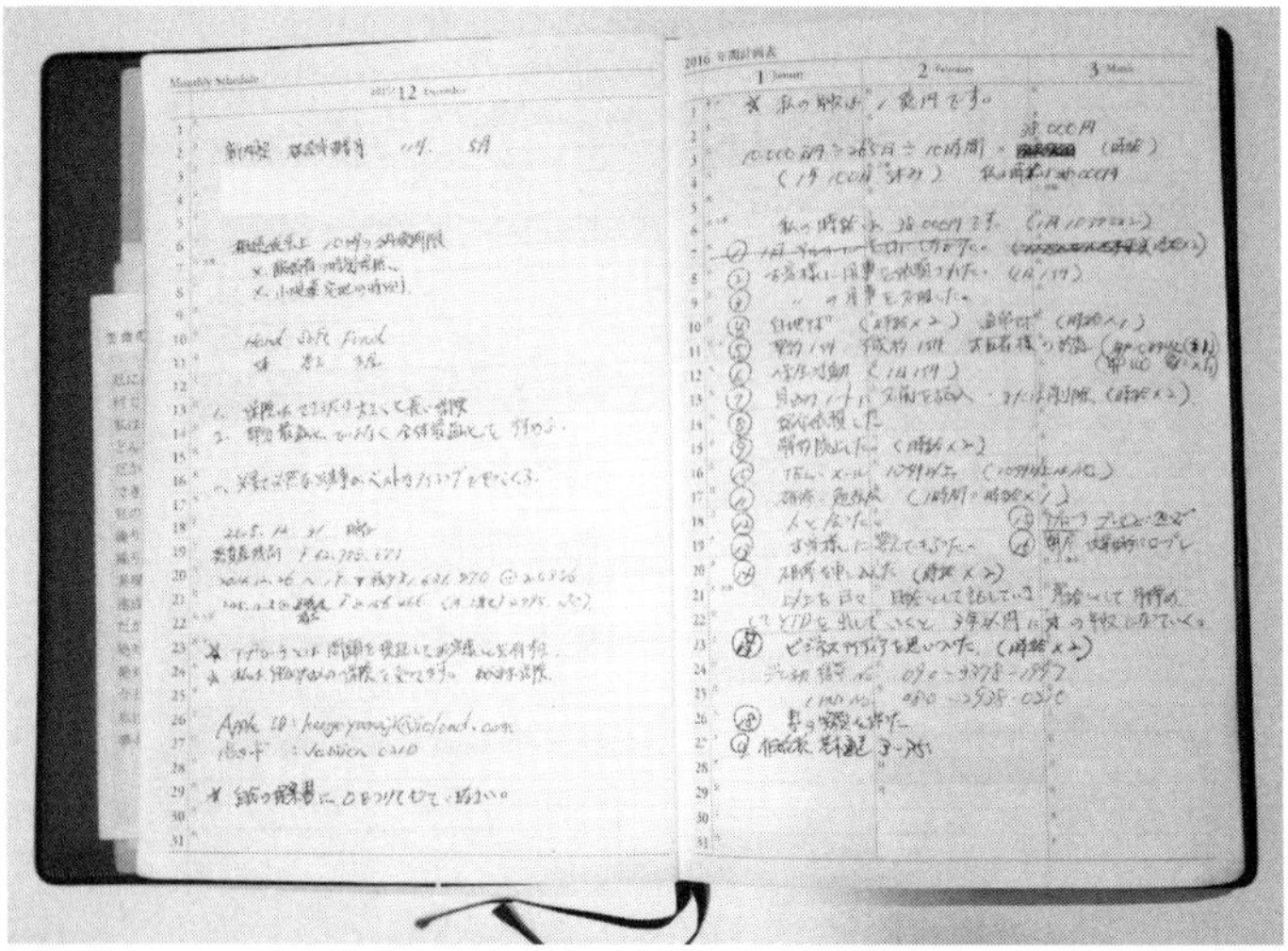

MDRTへの道

『高い向上心を持って仕事に邁進する』

日野原　健二

メットライフ生命保険株式会社
豊崎エイジェンシーオフィス
エグゼクティブ コンサルタント
2016MDRT成績資格終身会員

やる前に諦めてはいけない

大学卒業後に就職した証券会社の最初の赴任地だった静岡県浜松市に移り住んで、かれこれ25年ほど経つ。証券会社で7年間個人営業に携わった後、生保業界に身を置くようになって19年目になる。

日野原がMDRTに初めて登録されたのは、前職から生保業界に転職して6年目のことである。

彼がメットライフ生命の前身であるアリコジャパンに入社したのには、彼なりのこだわりがある。それは当時、ムーディーズとS&Pの格付けが「トリプルA」だったという理由だ。ではなぜトリプルAにこだわったのか。実は彼が在籍していた証券会社が自主廃業したからである。もう二度とこんな経験はしたくないと思ったからだ。

学生時代の就職活動で、日野原は父親が大手銀行出身ということから、就職先は金融機関を中心に考えていた。彼が就職活動をしていた1991年当時は空前の売り手市場と言われ、企業を訪問すれば食事をご馳走してくれ、銀座のすし屋に連れて行ってもらうこともあったという。

今では考えられない状況である。それでも大手銀行からは相手にされず、学歴の壁を思い知る。そこで証券会社なら実力主義だろうと思い大手証券会社を志望する。

そこで彼は当時、大手4社と言われるなかの1社に狙いを絞った。面接では「人が50件回ったら自分は51件回ります、人が100件訪問したら101件訪問します」と気合と根性だけは負けないとアピールした。

面接後も「自分は内定をもらったら必ず御社に決めるから早く結果を出してほしい。ダメなら他社を当たるから」とリクルーターに伝えたところ、すぐに呼び出され、早々と内定が決まった。

「高校までは地区でもトップクラスの学校に通った」という彼は、いい大学、いい会社とエリートコースに乗るつもりだった。ところが人生そううまくはいかない。高校に進学した彼は、それまで特に勉強しなくても上位にいたのが、多少の勉強では成績が上がらなくなった。

その後、急速に勉強に対する意欲を失った彼は遊びに明け暮れ、気がつくと完全な落ちこぼれになっていた。高校3年生の11月、皆が大学入試に向けて受験勉強に格闘しているときに無期停学処分を受けた。

それでも何とか大学に合格したものの、大学時代もパチンコ、マージャンに明け暮れる日々。3年生には進めず留年。ところがそんな彼に転機が訪れる。入っていたテニスサークルで徐々に力をつけ、本格的にテニスに打ち込むようになったのである。そして、見事レギュラーの座を勝ち取ることになる。

「きっかけは、たまたま夏にテニスの合宿があり、誘われるままに参加したんです。驚いたのは、同じ新入部員で入っていた連中が、もともとテニス経験者とはいえ明らかに上達していて、真っ黒に日焼けした彼らの姿が同性から見てもとてもカッコよかったんです。何よりも彼らはエネルギーに溢れていて、目がキラキラと輝いていました」

コンパでしこたま酒を飲んだ日野原は、トイレの鏡に映る自分の姿に大きな衝撃を覚えた。自分の目が、「腐った魚」のように見えた。そのときのショックを今でも忘れないという。白濁した目をしている自分と同期たちの輝く目を比べて情けなくなった。

「自分にもこの若さとエネルギーがあるだろう。自分は一体何をしているんだ。何か自分の情熱を本気でぶつけられるものはないのだろうか？　テニスってそんなに面白いのかな。そんなに輝けるなら俺もやってみようかな。これだけ開いた差は縮まらないかもしれないけど、自分がどこまでできるかやってみよう！」

留年してまだ2年生だったので、「1年やり直すつもりでこれからテニスに必死に取り組むので協力してほしい」と友人に頼んだ。当初、周りの仲間たちは単なる酒の上でのノリだろう、皆の雰囲気に流されただけだろうと思っていたそうだ。後になって後輩からも「あのとき、ひのさん本気だったんですね」と言われたらしい。

彼はそれから1日も休まず練習に参加した。宣言通り全精力をテニスに注いだ。すると1年が経つ頃には、めきめきと上達し始めた。何よりもテニスの楽しさの虜になっていた。「朝10時から一人で壁打ちとサーブの練習。午後はサークル。そのうちに夜もテニスのコーチをするようになり、1日中テニス漬けでした。大学は単位をかろうじて取るだけでした」

ついには見事、学内の大きな大会でもレギュラーに選ばれ、チームに1勝をもたらすようになった。

ここで日野原が学んだことは、「やる前に諦めてはいけない」ということだった。「高校の勉強も大学のテニスも自分にはかなわないと、やる前から諦めていました。とにかく何事もやるだけやってから判断しよう、そう思うようになりました」

勤務先が自主廃業の憂き目に

大学時代に身につけた気合と根性、そして体力を武器に意気揚々と証券マンとして社会人のキャリアをスタートさせた。

新人時代は新規開拓が主な業務だった。汗かきの彼は片手に営業カバン、片手にタオルというスタイルで飛び込み営業に打ち込む。ひどい断りを受けたり、いきなり怒鳴りつけられたりすることは日常茶飯事だったが、「後の保険営業のための自分の心を鍛えるいい営業経験でした」と彼は述懐する。

入りたくて、入りたくて就職した会社。彼は会社を誇りに思っていた。ところが若手の営業の一員としてノルマを課されるようになり、いつしか毎月の数字をこなすだけとなっていった。

「自分の成績のため、顧客にリスクの高い商品を勧めたり、必ずしも顧客本位の営業スタイルではなかったです」

仕事の傍ら、溜め込んだストレスをアルコールで発散する毎日だった。記憶を失うまで飲み続ける日もあった。

そんなある日、勤務していた会社が突然の自主廃業の報道。毎日、支店の窓口には長蛇の列ができたという。

当時、コンピュータの処理能力が今ほど高くなく、まして全国の本支店で一斉に清算業務が行われることなどそれこそ想定外だった。1つのキーを押すごとにコンピュータがフリーズし、まったく処理ができない状態が1ヵ月以上続いた。

「一体どうなっているんだ！」と罵声、怒声が飛び交うなか、彼は内心「どうなっているのか聞きたいのは俺の方だ！」と思っていた。

朝に出社すると、コンピュータが立ち上がった直後の10数分間だけスムーズに手続きができた。そこで日野原は一番早く出社し、前日に整理しておいた清算リストを処理していった。

1ヵ月ほどで清算業務にメドがつくと、自分の将来を真剣に考え直したという。今度は本当にお客様に喜ばれる仕事、長く続けられる仕事がしたいと思った。

「安定を求めて、金融業界そして会社を選んだのに、人生うまくいかないものですね。それなのに安定を手放したら逆に安定が手に入った。結局変化に対応できる自分を作ることが重要なんですね」

自己啓発により自身を高めていく

こうして保険営業のキャリアがスタートしたが、当初彼は、証券会社のときと同じように、押しのセールスをしてことごとく断られた。

「営業開始の初月は、東海地区の同期のなかでビリだったんです。そのときに受けた会社の研修では成績順に座らされたので、一番後ろの席でした。1ヵ月の手数料収入は1507円。フルコミッションの世界を実感しました」

証券会社時代の営業スタイルがまったく通じない。特にこちらから商品を強く勧めることは逆効果だと悟り、やり方をガラッと変えた。

いきなり保険を勧めることをやめ、お客様の希望を聴いたり、保険の目的や仕組み、金融全般の話をすることにじっくりと時間をかけるようにした。

そして、お客様が希望するプランの大筋が見えてきたところで、保険の設計をするようにした。すると、次々と成約できるようになった。

またかつての同僚や友人、お客様も協力してくれた。入社1年後には東海地区の同期で2位につけるまでになった。

ところが、1年を過ぎた頃から成績は徐々に右肩下がりとなり、やがて急降下していく。2年目、3年目には成績がゼロの月もあった。みるみるうちに貯金残高は底をつくようになる。たまに大きな契約を挙げるが、それもすぐ食いつぶす綱渡りの状態が続いた。

心の中は不安感、焦燥感で一杯になっていった。

「このままだと自分は間違いなく潰れるという、変な自信がありました」

しかし、そのときに出会ったある能力開発の研修をきっかけに、目標設定や自分の能力を開発する重要性に気づく。

3年でMDRTになるという目標を掲げ、初めてMDRTの基準を突破した。入社5年目のことである。ここから快進撃が始まると思われたが、翌年はわずかに及ばずMDRTを逃すことになる。

達成率が99・2%だった。残り0・8%、月払い保険料にしてわずか5万円程で逃したことをひどく悔やんだ。するとたちまちモチベーションが下がり、何がなんだか分からないまま、また元の成績不振の状態に戻ってしまった。

それでも、色々な自己開発セミナーや専門知識を高めるための研修に参加し、自分を高める努力は怠らなかった。

保険の師匠、福地との出会い

そんななか、福地主催のPAC研修と出会い、再浮上のきっかけをつかむ。

福地の物凄く強いエネルギーと研ぎ澄まされながらもユーモア溢れる話術に触れ、慢心や断りの恐怖にやられて弱くなっていた自分を猛省した。コンテンツ自体は知ってはいたが、本家本元の福地が直接伝えるものは別格だった。そして何より大切な心構えが刻まれた。

それは、日野原が今でももっとも大事にしている心のポジションである「ＨＨＧ（必死、ひたむき、がむしゃら）」だ。

「がぜん全身のスイッチが入る感覚でした。また手を抜くと、どこからか福地さんの甲高い怒鳴り声？　が飛んでくるような気がしました」

研修後の半期ベースでは過去最高の業績を挙げた。しかしながら、なかなか長続きしない。そこそこ悪くはないが、ＭＤＲＴには届かない成績と収入が続く。

「転機はＰＡＣ受講後、２年目の秋でした」

福地から「今年の達成率はどうだ?」と聞かれた日野原は「いやー、今年は惨敗です」と答え、その年もまたＭＤＲＴ基準の７、８割程度の達成率に終わりそうで、残り３ヵ月を切り白旗を揚げていた。

すぐさま福地から烈火のごとき（愛の?）叱咤が飛んできた。受話器越しからも鼓膜が破れんばかりの勢いで、「なにー惨敗だァー。みんなは最後の最後まで必死に追いかけてるんだ。まだ3ヵ月あるだろ。なにが惨敗だ。だいたい一発の契約に頼ってんだろ。達成するやつはな、毎月、毎週達成するんだ！　そこにこだわるから年間の達成があるんだ！」と激励された。

年間目標から逆算して月割り、週割りにブレークダウンするという理屈は知っていた。でもそれが初めて腑に落ちた気がした。

その年は結局未達成に終わったものの、そこから日野原の本当の快進撃が始まる。翌年は過去最高の成績で夏には基準をクリアし、ＭＤＲＴ会員復活を果たす。その後10年間、毎年ＭＤＲＴ基準の達成を重ね、２０１５年には念願の成績資格終身会員にもなった。

ＭＤＲＴ会員になったときのことを、日野原はこう振り返った。

「初めて参加したラスベガスでのＭＤＲＴ世界大会が衝撃的でした。心が震えるっていいますけど、まさにその通りでした。聴き終わった後、感動で動けなくなるスピーチもあったし、行き交う世界のメンバーが私のグリーンのネームホルダーを見て（世界大会初参加はグリーンのネームホルダー、2回目以降は白いネームホルダーを首から下げる）『ケンジ、コングラッチュレーションズ！』と声をかけてくれたり、握手してくれました。ここまでくるのにどれだけ大変だったか、皆分かっているので、特に初参加の人を歓迎するカルチャーがあるんです。すごく讃えられた感じが心地良かったし、とてもエナジャイズされました」

会話は基本的に英語だが、たとえ英語が堪能でなくとも、「あの場は、カンバセーションよりコミュニケーション、つまり〝感じるところ〟だと思う」と彼は語る。

そして一時MDRT会員から外れたときも、あの場にまた参加したいという思いをずっと抱いていた。

「MDRTに復活してからは連続して資格をクリアしました。最初は単なる憧れだったけど、今はMDRTという会員資格は〝誇り〟だと感じていますし、保険営業のプロフェッショナルという証だと自負しています。世界大会には毎年PGA（＝Program General Arrangements……ボランティア）として参加していますが、行くたびにMDRTのスピリットを感じることができ、毎年参加することがこの仕事のリズムになっています。何より世界大会に参加したいという思いが、大きなモチベーションの一つになっています」

より高い価値を生み出す人間になる

ＭＤＲＴの次の段階というと、３倍のＣＯＴや、６倍のＴＯＴとなるのだろうが、これを目指すのかという問いかけに日野原は首を横に振る。

「確かに次はＣＯＴ、ＴＯＴとなるんでしょうが、そこを目標には設定していません」

彼が言うには、２００６年に半期過ぎた時点でＭＤＲＴ基準に到達したことがあるという。このペースで続ければＣＯＴも夢ではなかった。しかし、彼自身に相当な負荷がかかったことで心のバランスを崩してしまった。

「仕事とプライベートのバランスを取ることや、心と体を健康に保つことも大事なことだと思っています。ひたすら上を目指すと、どうしてもストレスが溜まります。あのときは等身大の自分ではなく、精一杯背伸びをして偽りの自分を演じて無理に大きく見せようとしていました。それがだんだん苦しくなってきました。だから無理をすることは自分にもお客様にも良くないと思ったんです」

しかし、彼の情熱は決して冷めているわけではない。MDRTの基準をクリアすることは当然のこととして、その積み重ねによってマーケットの質を上げていくという方法は今も変わらない。この過程においてCOTへの道を模索しつつ、知識や経験を積み上げ、ステージを上げていく努力を怠らない。福地が開催する月1回のチームエイムのフォローアップ研修にも毎月、浜松から通っている。

「福地さんが毎月、プロの保険外務員として必要な知識・スキルを教えてくれます。そのためにどれだけの情報を普段から集めているか良く分かります。それこそ、分厚い本を読んでみたけど使えなかった、なんてこともあると思います。福地さんが必要な情報を仕分けしてくれるので、その分自分の時間を増やすことができます」

現在、彼の主なマーケットは個人顧客層だが、なかでも企業経営者と個人事業主への営業に注力している。そして今、企業向けに取り組んでいるのは、従業員研修のようなものである。

「ある製造業の経営者と話しているとき、きちんとした研修をしていないので、従業員は名刺の出し方すら知らないという話をされました。そこで私でよければお手伝いをしましょうと始めたんです。その会社では社内で希望者を募り、月に1回20人ほどが参加して勉強会を開いています。毎回テーマを決めて、自分が各種研修やセールスの現場で体得してきたポジティブシンキングとか、ものの捉え方、人とのコミュニケーションスキルなどを一緒に学んでいます」

1年ほど続けたところ、従業員の意識がだいぶ変わってきたといって経営者は大いに喜んでくれたという。

「もちろん、副業は禁止されているので、報酬は一切受け取っていませんが、会社の従業員の退職金等、福利厚生プランを全部引き受けることになり、その年の一番大きな契約につながりました」

そもそも無報酬にもかかわらず、彼がこのような勉強会を引き受けるようになったのは、自分と重なるところがあったからだという。

「どの会社でもそうですが、従業員の皆さんに給料を上げてほしいかと聞くと、大抵は手を上げますよね。でも給料を上げるためには、会社が儲からなければいけないわけです。ところが、業績を上げると会社ばかり儲かって、自分たちの懐には入ってこないと考えてしまうのです。これは従業員のメンタリティの問題で、実際私もそうだったのでよく理解できます。一方、経営者は高い報酬を払ってあげたいけど、そのためには従業員に生産性を高めるよう言わざるを得ない。しかし、これは労働強化と受け取られてしまう。こうした双方の言い分を理解しつつ、経営者も従業員もハッピーになるにはどうすればいいかを考えたとき、第三者の私が経営者の思いをボイスチェンジして従業員に伝えればいいと思いました」

彼は勉強会のなかで、経営者には社員に高い報酬を払ってあげたいという思いがあること、会社が儲からなければ報酬が増えることはないという当たり前の原理を理解してもらうことに腐心する。

「たとえば、会社が終わって赤ちょうちんで会社や上司の愚痴をこぼしている人が成果を出せるでしょうか？　ハッピーな人生を送れるでしょうか？」

そして一人ひとりが意識を変え、能力を高めれば、生産性はいくらでも高められること、その具体的技術を伝える。「私が少しでもお役に立てればと思い始めたわけです」

彼にはひとつの確信がある。それは、価値を与えれば必ずそれは色々な形で返ってくるということだ。だからこそ、より高い価値を生み出す人間になることを何よりも優先している。「私の価値を必要としている人、認めてくれている人、ともに価値を高めようと研鑽を積む仲間との交流は、仕事につながるつながらないにかかわらず、もっとも大切にしている時間です」

毎日アファメーションを唱和する

先述した福地の研修でもそうだが、能力開発の研修などで必ずといっていいほど取り入られているのがアファメーションである。

アファメーションとは、自分の単なる「〜したい」「〜なりたい」という願望ではなく、より具体的なことを「必ず〜になる」「絶対〜を達成する」と未来完了形で繰り返し唱和することで、自分の潜在意識に働きかけ、現実にそうなるよう仕向けることである。

日野原自身、毎日欠かさず繰り返してきたオリジナルのアファメーションがあるという。

「私はＭＤＲＴ終身会員になった！　能力、人格ともに一流の人間として磨かれ、魅力ある人物になる。私は自分自身を誇りに思う。なぜなら私は常に努力を惜しまなかったからだ。そして今も成長し続ける。私は常に愛・感謝・貢献の人生を歩んでいる。私は自分自身の思考と行為を完全にコントロールしている。利己的な心、怠惰な心に打ち勝ち、思いやりと勇気、希望を人々に与え続ける。私はプロとしての知識と知恵、技術に卓越する。私は自分の無限の可能性を信ずる。決して強い人間が勝つわけではない、諦めなかった者が最後に勝つ！　そして人生最後の日〝満足だ！〟とニッコリ笑ってこの世を去る！」

このアファメーションの効果は絶大だったという。毎朝、車の中でガンガンにロックをかけながら唱和したそうだ。そうしてアファメーションの言葉を毎日、毎日、自分の価値観として刷り込んでいった。でも初めは、パパがおかしくなったと子どもたちが心配して家から飛び出してきたらしい。

日野原は、今後、ＭＤＲＴを目指そうとする営業パーソンに次のようなメッセージを送ってくれた。

「ＭＤＲＴは目指せば誰でもなれると思います。だから、ぜひスタートを切ってほしい。学生時代の私のように、やる前から諦めている人がいかに多いかは、保険営業に携わる人ならよく知っていると思います。ちょっとかじったくらいで辞めてしまう人、せっかく高い資質をもっている人が、生命保険業界での成功を簡単に諦めてしまうのをたくさん見てきました。反対に、どんなに厳しい状況であっても、それを乗り越えて成功してきた仲間もたくさん見てきました。自分を変えていく情報やきっかけ、そのためのツールは沢山あります。成功へのチャンスはいくらでもあると思います。たぶん本気で求めた人だけがそれに気づくのかもしれません。だから、まず自分にチャンスを与えてあげること、貪欲にそのチャンスを求めてほしいと思います」

そしてこう付け加えた。

「お客様から契約をお預かりした以上、少なくともこの仕事をずっとやり続けるのが保険募集人としての最低限のマナーと責任だと自分は思っています。もちろん人の価値観や事情は様々ですが、この仕事を一生続ける覚悟を決めるだけで、その後の業績が変わってきます。諦めずに高い向上心をもって長くこの仕事を続ける人が増えれば、この業界のイメージも上がるし、本人にもお客様にもいいことだと思う」

日野原は年に2回ほど、福地と3000メートル級の山に登る。最初、誘いを断らない日野原に福地が驚いた。現在ややウェイトオーバーぎみだが、重たい体にもかかわらず、テニスで培った体力、根性、そして持ち前の明るさで、決して弱音を吐かずにニコニコしながら登っていく。縦走路を10時間歩いたこともあるそうだ。

登山の魅力について、彼は次のように語ってくれた。

「登山は仕事に通じるところがありますよ。一歩一歩足を止めずに登っていけば、必ず頂上にたどり着きます。頂上の山小屋でうまいビールを飲んでいる自分を想像し、わくわくしながら登ります。でも実際に登っているときは、ただただ、次の一歩、次の一歩です。決してひとっ跳びはありません。近道もありません。登り出したら、命の危険がない限り途中で降りることはありません」。

そしてついに頂上に立ったときのあの達成感、爽快感、そして登りきった人にしか見ることのできないあの景色！　その後の食事とビールのうまいこと！　まさにこの仕事の醍醐味と同じです。激しく仕事をし、激しく遊ぶという師匠の福地さんの信条にとても共感しています。福地さんからは仕事上のことだけでなく、様々な人生の楽しみ方を教わっており、大変感謝しています。いつも自分が楽しむこと、笑顔でいること、エネルギーの高い状態を維持することは特に意識しています」

日野原のチャレンジはまだまだ続く。

日野原健二（ひのはら けんじ）

1967年埼玉県生まれ。3歳から千葉県松戸市で大学卒業まで過ごす。大学卒業後、大手証券会社に入社。自主廃業に伴い、98年4月アリコジャパン（現メットライフ生命保険株式会社）入社。現在に至る。MDRT登録回数12回。

『〝ないない尽くし〟のどん底スタート』

塩野 美香

アクサ生命保険株式会社
神戸支社 阪神営業所 尼崎分室
営業主任
2017MDRT成績資格会員（2回登録）

２００８年　１３０万円　1年目の年収
２００９年　１４８万円
２０１０年　３２０万円
２０１１年　４８０万円
２０１２年　６８０万円
２０１３年　８２０万円
２０１４年　９２４万円　初の海外表彰
２０１５年　９８０万円　エイムのＰＡＣ研修受講。２年連続の海外表彰
２０１６年　１３２４万円　海外表彰とＭＤＲＴ初入会

お金、キャリア、人脈、営業経験……

塩野美香のこれまでの半生を聞くと、まさに「起死回生」とか、「七転び八起き」という言葉がぴったりとあてはまる。小中高の3人の子どもを抱えて1年目の年収１３０万円からのスタート。2年目１４８万円。わずか収入が18万円上がったことで、市からの月2万円の児童扶養手当もカットされた。

実際、「食費を切り詰めるため〝もやし〟が食卓に上る日も続きました。光熱費を節約するため、部屋の中でジャンパー、手袋、毛糸の帽子と完全防備で親子が寄り添っていました。娘が玄関を出て『お母さん、部屋の中より外のほうが暖かいよ』なんて言っていました。恥ずかしいですが、自分のアパートの窓に段ボールを張ったこともあります」など、当時の様子を持ち前の明るさで淡々と話す。

「天気予報にたとえると、そのときのどん底生活は、くもりのち雨のち台風、一時晴れ…」と笑う塩野。

涙と苦悩、暗く長いトンネルの中。そんなとき、心の中に宿り、かろうじて正気を支えてくれたのが彼女の母の凛とした姿だったという。

早くに夫を亡くし、手に職を持ちながら力強く生きる凛とした母の姿。塩野は尼崎、母は鎌倉に住んでいたから、会いたくても夜行バスで移動する時間もない。しかし、年金暮らしの母には決して心配をかけられないと思い、苦境の現状を一言も漏らさないと決意を固めていた彼女は、子どもたちにもかん口令を敷いた。

何が何でもこの苦境を乗り越えると信じ続けていた当時を、塩野はこのように回想する。

現在、アクサ生命の尼崎分室で主任を務める彼女だが、前述のように、その苦労には筆舌に尽くしがたいものがある。と同時に、彼女のようにこれほど人生を180度も変えた人も、なかなかいまい。

何しろ、どん底から這い上がった人である。這い上がり方も独特だが、類まれな才能を持ち合わせているというよりも、1ミリずつの前進に人一倍取り組んだ努力と信念の人でもある。

その結果、2016年にアクサ生命に入社後8年目にしてMDRTに初登録した（2017年度の基準も達成）。周囲からは、歓迎だけでなく意外性と驚嘆の声が上がったという。それだけ彼女のMDRT登録は、周囲にインパクトを与えたのはもちろん、もっとも驚いたのは自分自身であったという。まさに自他共に奇跡といっても過言ではなかった。

では、なぜここまで驚かれるのか。それは、これまでの境遇にその一端を見いだすことができる。

現在、塩野は尼崎に居住するが、出身は神奈川県鎌倉市である。尼崎に来たのは、結婚していた夫の転勤による。そして、尼崎に転居の後しばらくして離婚している。当時の彼女は、小学生、中学生、高校生の3人の子どもを抱えていた。やむなくシングルマザーの道を歩み始めたが、当然のように生活が一転、暴風雨の中での船出となった。

彼女は短大卒業後に就職した会社の同僚と22歳のときに結婚する。子ども3人を育て、主婦業に専念する日々。夫の仕事の関係で地方への転勤もしばしばだったが、数年前に現在の尼崎に転居してきた。

この地で離婚を決意し、子どもは塩野が養育することになったわけだが、3人の子どもを育てるには稼がねばならない。そこで、介護に関する資格を取得して仕事に就いた。

「今から10年くらい前のことですが、当時は専業主婦でしたし、きちんと仕事をしたこともありませんでした。一時、介護の資格を取って介護ヘルパーの仕事に就いていたんですが、フルタイムで働いたことはありませんでした。ただ、仕事は資格を活かそうと思い、社会福祉関係で探していたんです」

しかし、ここで彼女はある壁にぶち当たる。働けど働けど生活が苦しいのである。

「介護ヘルパーをしていたときは、夜勤をしないと収入的に厳しいものがありました。仮に固定給をもらっていても、給与は随分低く抑えられているので、日中の仕事だけではどうしても不足します。ですから、夜勤をしたり、仕事のかけもちとかを考えなければなりませんでした」

学生の子ども3人を抱えての母子家庭、一人の元主婦が生活費をねん出するのは、どの時代でも容易なことではない。そうなると、当然、夜も働かなければ生活費を稼ぐことは難しい。しかし、当時は一番下の子どもが中学生だったので、夜勤ではなく日勤の仕事で何とかできないかと考えていた。であれば、介護の仕事ではなく他の仕事を探さねばならない。

そんな折、塩野は知り合いから保険営業の仕事を勧められる。

「とにかく生活は大変でした。お金もなく、キャリアもなく、ツテやコネもない。パソコンも使えず、自動車免許もない、地図も読めない。そして、若くない。そんな私が就職をしようと応募しても採用してもらえるかどうか……。そんなとき、知り合いから保険営業の話を聞かされたんです。当時、保険営業のことはまったく知りませんでしたし、ましてや保険？　自分でも驚くくらいの速さで断りました」

一度は速攻で断った塩野だったが、彼女をつなぎ留める要因があった。それは、研修期間でも一定の給与が出るうえ、生きるために必要な保険やお金の勉強もできると聞かされたことである。そこで、思い切ってこの世界に足を踏み入れることにした。それだけ当時は生活に困窮していたわけだが、この決意が彼女の人生を大きく変えることになる。運命の選択だった。

研修期間終了間近のある経営者との出会い

塩野自身が想像していたとおり、研修期間の3ヵ月間、まったく契約が取れなかった。契約以前にアポを取る先もまったくない。生まれ育った地域なら身内はもちろん、友人や知人もいただろうから、多少は訪問先があったかもしれない。しかし、彼女にとって地元でない尼崎では知り合いもいない。前職は介護の仕事に就いてはいたものの、それ以外の仕事歴はほとんど皆無という彼女は、結婚後、社会経験はほとんどないに等しかった。

彼女が籍を置くアクサ生命は、商工会議所への職域セールスに強いことで知られる。だから、かろうじて商工会議所経由で経営者に会うチャンスはあるものの、まったく契約を取るまでに至らない。何しろ「法人保険」の意味を「邦人保険＝日本人の保険」と思っていたくらい、知識もスキルもなかった。

「入社して3日目で保険営業は（自分に）合わないと思いました。お客様と会って話もできなければ、ましてや契約などいただくまでには到底いきませんでしたから。とりあえず、研修期間中は辞めるわけにはいかないので、この3ヵ月間だけはどうにか乗り切ろうと思っていました」

もし、彼女の言うように、そのまま何もせずに契約ゼロを続けていたら、今の保険営業の塩野は存在しなかった。

そんなある日、たまたま研修期間の最終日を目前にして、上司のフォローもあり、ようやく契約が1件取れた。彼女自身の力によるものではなかったが、自分の名前で初めての契約が取れたことに、塩野は心から喜んだ。

「崖っぷちでした」

実はこれには次のような伏線があった。

塩野は研修期間中、この契約をしてくれた会社の社長ではなく、会長のところに足しげく通っていたという。しかし、会長に会えない日々が続いていた。ある日、尼崎市内にあるスーパー温泉の割引チケットが商工会議所に積んであるのを目にした彼女は、それを手に何かに役立てられないかと考え、会長のところに訪問するつど置いてきたという。

「あのときの私は、保険の営業はおろか会長に会うこともできない。ただ、会社に行くことはできますから、何か少しでもお役に立てないかと思い、割引チケットを持参しては置いてくるようにしたんです」

そうして通い続けてしばらくした頃、会長に会う機会が訪れる。「あんたんとこの温泉行ったで。温まったで～」開口一番こう話す会長に、塩野はなかなか生命保険のアプローチトークができなかった。温泉の営業マンと思われていたのか……。せっかくチャンスを与えてくれたのに、営業らしい話がまったくできなかった。

さすがの会長もあきれたのか、「もう帰れ」と言ったものの、どうにか次回のアポだけは了解してくれた。塩野は、かろうじて次回にわずかな望みをつなぐことができた。ところが当日、朝10時のアポだったのだが、トラブルに見舞われて10分ほど遅れる旨、会長に連絡を入れた。すると会長から「朝10時って言ったよな」と念を押され、彼女の頭の中は真っ白になり、がむしゃらに走って、どうにか5分遅れで到着した。

「私は自転車で営業しているのですが、チャンスがきたその日に限って、カギを自宅に置き忘れてしまったんです。当時はタクシーで行くという考えがまったくなく、事務所から会長の会社まですぐに走り出し、途中でヒールを脱いで走りました。ストッキングが破れて足から出血しましたが、何とか間に合うようにとにかく必死でした」

幸いにも5分遅れで到着したとき、塩野を見た会長は思わず「走ってきたんか」と驚いたという。当時を「本当に最低な営業でした」と述懐するが、彼女は暗中模索しつつ無我夢中で毎日を送っていたのである。

その会長が亡くなり、後継者の社長から連絡をもらったのは、まさに研修最終日の前日のこと。塩野は会長だけでなく、社長にも挨拶していたのだが、彼女のことを覚えてくれていたのである。そこで上司と連れ立ってその会社に赴き、無事に契約締結となった。奇跡のような嘘のような話だが、実話である。

何かを持っている!?

こうしたエピソードには枚挙にいとまがないが、彼女が保険営業を真剣に取り組もうと決意したきっかけとなった、中古車販売の経営者とのなれそめも興味深い。

研修期間が終了し、正社員になった彼女だったが、3ヵ月ごとに行われる査定では、常にノルマとの闘いだった。そんな日々で、営業で回った先に中古車販売会社の経営者がいた。何度足を運んでもなかなか面談のチャンスがなかったが、彼女は訪問のたびにある手紙を置いて帰ることを続けていたという。

「実は、いつ行ってもいないというか、いないときに行っていたというか、とにかく怖かったんですね、自分に自信がないので。営業としては最低なんですが、その会社にはよく通っていたんです。そして、会えないときは、『とにかく、保険というのは命を守るものです。でも保険会社は守ってくれません。保険証券に書いてある内容がご自身を守る唯一の手立てなので、必ず見ておいてください』と書いた手紙をいつもいつも置いてきたんです。名刺と一緒に。そうしたらあるとき、その経営者の方から電話がかかってきたんです。『いつも来てくれてたみたいなので、会うだけ会いますよ』と」

中古車販売業だと、損害保険の代理店として加盟しているのが一般的である。保険については損保と生保の違いはあっても、ある程度熟知していると考えるのが普通だろう。それでも、塩野の熱意に何かを感じたのか、その経営者はこう彼女に話したという。

「いつも来てくれているようだけど、留守にしていてすみませんと言われました。先方も保険を扱っているので、今すぐというわけではないけれども、話だけでも聞きますよと言ってくれたんです」

そこで塩野は約束の日時に訪問し、その経営者の加入している保険証券だけでなく、会社で加入している保険証券もすべて見せてもらえることができた。

「実は色々と話をうかがうと、確かに保険を扱っているんですが、ご自身のもそうですし、会社のもそうですが、保険契約の中身はあまり把握していないようでした。そこで、加入した時期が古いものについて、今ならこんな商品がありますよ、これだったらもう少し見直したほうがいいですよとお話したんです」

結果、この経営者は保険を見直すことに同意してくれ、塩野が勧める保険に加入し直したのである。

そして、塩野はこう思った。

「保険は長い期間お付き合いしなければならない。だから、加入してくださったお客様が保険を使うとき、必ず自分がここにいなきゃ……」

このとき、塩野はノルマを達成できるかどうかの崖っぷちに立たされていた。それだけにこの契約は、塩野の保険営業としてのターニングポイントになった。

「周りからは、『崖っぷちに強いな』『何か持ってるな』と言われたりしました」

こうした強運もまた、ビジネスで成功を収めるために不可欠な要素であることは言うまでもない。

秘訣は保険の内容を把握してもらうこと

塩野の営業は独特である。

保険を売ろうという意識はそれほど強くなく、むしろ、先述した中古車販売会社の経営者の話にあるように、今加入している保険はどんな保険なのか、自分を守るのは保険会社ではなく保険の内容だという点に重点を置いて説明することにある。

「他社の営業も同じことをしているかもしれませんが、私の場合、保険を売ろうという意識よりも、保険の内容を理解しているかどうかをお聞きすることに専念しています。なぜなら、意外にお客様の多くが、加入している保険の内容をご存じなかったりします。なかには、保険証券がどこにあるのか知らない方もいるのです。そこで、保険に加入していることよりも、保険の内容をしっかりと知ってもらうこと、証券の保管場所がどこかを把握しておくことをまず、お客様におうかがいしています」

このようなセールストークを毎日のように話し、保険の大切さを知ってもらうことが日課となっていった。

「最初の1年目は、とにかく朝から晩まで休みなく働いていました。そのときにお客様にお話ししたのは、ご自身の入っている保険を知ってほしいということでした。たとえば、保険には加入したけれど、保険会社から送られてきた郵便物を開封しないままだったりしますよね。『今は忙しいから後で見よう』とか、『とりあえず保険には入ったから安心だ』、みたいな気持ちからだと思うんです。一番多いのは、知り合いの保険会社に任せているとか、女房に任せているとか、親に任せているとかで、とにかく『保険に加入した＝安心』と言う方が多いのです。でも、複数の保険に加入していると、自分がどんな保険に入っていて、どういう状態になったらどんな保障が受けられるのか、とても重要なことなのに知らない方が多い。それで、私は弊社の保険に加入しなくてもいいですから、せめて、今加入している保険がどんな内容なのかだけでも知っておいてくださいと、必ず強調して回っていました」

このトークは自社と取引がなく、他社の保険に加入している顧客に対しても実践していたという。それでも、これは彼女に言わせると、「お客様に自分の加入している保険の内容を知ってもらうことが大切だから」ということで、基本的に軸足はぶれていない。

こうした地道な活動が徐々に開花し始め、入社8年目にMDRT会員資格を得られるまでに成長するのだから、まさに大逆転物語のヒロインだ。

子どもに支えられ、顧客に助けられ……

このように、節目節目で色々な出会いと縁が続いた。1年目の年収は「130万円くらい」だったと話す塩野。正社員とはいえ、いわゆる固定部分が低く、多くは実績連動型である。これは生保業界では当たり前の仕組みだ。当然、今月は入ってきても、来月、再来月に確実な収入は保証されていない。

「だから、『固定給でないと不安で仕方ないし、やはり私には無理だと……、辞めさせてください』と上司に相談しました。しかし、上司が、『辞めることはいつでもできる。ここまで頑張ってきたのだから、やれるところまでやったらええんちゃう』と言われ、なるほど、それもそうか、それならそこまでやろう」と心に決めた。

確かに、契約を一件取るのがやっとの状態では、家族４人が普通の生活をするにはあまりに不足している。


参考までに厚生労働省のサイトに、『地域別最低賃金の全国一覧』というのがあるが、時給がもっとも高いのは東京の９３２円、その次は神奈川県の９３０円と続くが、９００円台はこの2都県のみ。関東周辺と関西・中京地区周辺のエリアが８００円台で、それ以外は７００円台である。

塩野が居住する兵庫県は８１９円（すべて２０１６年10月現在）となっているが、もし労働基準法内でフルタイム働いたと仮定すると、週当たり3万２０００円（≒@８１９×40時間）、４週でかけると約12万円となる。

つまり、塩野の1年目の年収は、アルバイトでフルタイム働く人とほとんど変わらない、あるいはもっと安い稼ぎだったということになる。

さすがに長男から「アルバイト代より安いんなら、辞めたほうがいいんじゃない？」とまで言われたというが、それでも保険に加入してくれた顧客を裏切るわけにはいかないという気持ちが強く、辞めたりはしなかった。

「それでも、がまんの生活をしている子どもたちには申し訳ない気持ちで一杯でした」

2年目になると状況少しは改善されたものの、今度は別の問題が発生する。

「児童扶養手当を受給していたんですが、それが打ち切られたんです。今まで必ず受けられていたので、とても助かっていました。それがなくなると本当に困ってしまうので、市役所まで出向いて継続できないか頼み込みました。でも、規定の収入額を超えているからダメですと事務的に断られました」

こうした苦しく辛い時期もあったが、3年目にして社会人の平均年収に近づき、それからは年々100万円単位で収入が増えていった。

塩野の子どもは今、3人ともすでに社会人となっている。

「母子家庭だから、子どもたちを学校に通わせられないのは嫌でしたから、本人に意思があれば絶対に学校にだけは行かせたい、という強い気持ちはずっとありました。もちろん、仕事中にそんなことを思ってやっているわけではありませんし、お客様の面前でそういう損得勘定を考えたこともありません。ですが、子どもたちにも支えられ、多くのお客様に助けられ、同僚にも助けられ、失敗だらけのなかで歩んできたことは私にとっての財産になっています。どれ一つ欠けても、今の私はありません」

エイムのPAC研修を受講

塩野は、まだこれから先、プロの生保コンサルタントとして軸になるものがなく、7年目を迎えていた。友和倶楽部という海外表彰に続けて該当したときでも、未来にまったく自信がもてなかった。不安だらけだった。

そんなときである。『大丈夫、絶対売れる！　成功哲学が教えてくれない弱った心の立て直し方（小社刊）』という本のなかで、「あなたが生まれてきたのは偶然ではない。日本の生命保険と貯金の流れを変えるためにあなたは生まれてきたのです」という言葉に出会った。

この言葉が、無我夢中で頑張ってきた塩野に衝撃を与えた。背骨になるものが欲しくて、自分の使命を明確にしたくて2015年8月、エイムのPAC研修を受講した。

講師の福地から、「塩野さん。会社の海外表彰もいいけれど、それは成功の入り口なんだよ。プロ野球で言えば一軍に入っただけで、まだレギュラーになっていないようなもんだよ」と言われた。

この言葉は塩野に強烈なパンチを与えた。エイムのＰＡＣ研修で今後の彼女の営業スタイルに軸ができたのだ。

1．長寿社会の日本は長期就労時代がやってくる。この時代にふさわしい長い保険を提供する。
2．出会ったすべてのお客様の保険料を最大限有効活用する。
3．インフレ・増税・円安に負けないお客様の資産形成のアドバイスをし続けていく。
4．最新の名医、医療情報でお客様を守って守り続ける。

コツコツと積み重ねてきた塩野に、強いブレない軸ができた。伝える力は本人曰く、まだまだ不十分だが、これだけはどうしても伝えなければならないという信念が生まれた。顧客を守るために、もっと高いレベルのコンサルティングが必要だ。エイムのＭＤＲＴメンバーに夏と冬の合宿研修で出会い、彼らの熱い思いに直接触れることができた。

「よし、できるかできないかではなく、やるか、絶対やるかだ」

塩野のＭＤＲＴの締めである年末の追い込みは凄まじいものだった。最後の17日間で34件。17日間毎日２件の契約ということになる。これができたのも、このぶれない軸の力だという。

ＭＤＲＴ会員になって変わったこと

今では主任という立場で部下を統率し業務をこなす塩野だが、ＭＤＲＴ会員になったことで色々な面に変化が生じたという。

「一番喜んでくれたのは子どもたちですね。ずっと貧乏生活をしていましたから、私がなった「ＭＤＲＴ会員」とはどういうことなのか、ネットで調べたらしいんです。みんな『すごいね！』と言って喜んでくれました」

塩野のＭＤＲＴは、アクサ生命社内でも注目されたという。阪神エリアでは初ということもあって、「尼崎商工会議所の専務理事や理事なども喜んでくださいました」というほどの注目を集めた。一方で、プレッシャーも重くのしかかってきたという。それでも後ろ向きではいけないという思いからか、常に前進しようという意気込みは持ち続けている。

とくに彼女が影響を受けたのは、２０１６年にカナダのバンクーバーで開催されたＭＤＲＴ世界大会に初めて参加したことだ。

「もう感動しすぎでした。この大会に参加したことで、私の人生は１８０度変わったと思います。生保業界に入った８年前を思い起こすと、今、ここに立っている自分が信じられないという気持ちでしたね。大会のセレモニー会場に向かったとき、入社から今まで、こんな私を信じてご契約いただいたお客様の顔や、何も分からぬまま保険営業を続けるなかでお世話になった方、支えてくれた上司や先輩、仲間、家族とか、いろんな人の顔が思い浮かんできて、涙が止まらなくなってしまいました」

オープニングから最終日のエンディングまで、ほとんどプログラムが終わるたび、塩野は涙した。

入社当時は契約もままならず、同僚や上司、あるいは顧客からも「塩野は続かないだろう」と言われ続けてきたこの８年間を振り返ったとき、世界のトップ営業パーソンしか集わないこの大会に、まさか自分が参加できるとは微塵も思っていなかった。

「ここに集まっている1万1500人全員がMDRT会員なんだ、本当にすごいと思いましたし、自分は今回、初めて会員になったわけだから一番下で、今ようやくスタート地点に立ったという気持ちになりましたね」

彼女にとっては、MDRT会員であり続けるという、新たな目標ができた瞬間だった。

これからも日々1ミリずつ前進

実家のある鎌倉には現在、塩野の母が1人で暮らす。

生保業界に入った頃、帰省するときは格安の夜行バスだった。長時間の乗車で朝は体のあちこちが痛くなった彼女も、3年目には新幹線で初めて帰省を果たす。

「実は、母には私が求職活動をしているとき、保険会社だけはやめてと言われていたんです。決して数学に強くない娘が、ひと様から預かったお金を間違えたりしたら、相手にどれだけ迷惑をかけるかと心配していたんですね。入社して8年目になる今でもそんな心配をし続けてくれています」

そんな母に、塩野はMDRTバンクーバー大会に参加した写真を見せた。日本の国旗を持った娘の姿に、泣いて心から喜んでくれたという。

「正社員になれただけでもありがたいと言われました。もういつ辞めるか、いつ辞めるかと心配していましたから、本当に心の底から喜んでくれたみたいです」

日頃、塩野が信条として掲げていることがある。それは「1ミリでも前進すること」だ。

「私は、『1ミリ前進』という言葉というか行動が、すごく好きなんです。一気に大きなことはできませんが、何かをやり続けて1ミリでも前に進みたいという思いできたので、今日1ミリ、また今日1ミリという感じです。少しずつでも進んでいると、ここってときに必ずいい出会いが訪れるんです。これまでは、本当に1ミリの前進を続けてきたことで、いろんな方に支えられて今日に至っていますので、これからも『1ミリ前進』は続けていきたいと思います」

彼女にとって、MDRT会員になったのは、自分一人の力ではなく、周囲の人に支えられてきたという思いがとても強い。それは彼女の言う、入社したときから1ミリずつ、本当に一件一件の積み重ねとたくさんの人たち（仕事における師匠、上司、仲間、そして家族）のおかげだと、彼女は思っている。

「以前は、『絶対に塩野は、すぐ辞めると思っていた』という人がほとんどでしたし、私にできることなら全員ができるとまで言われていました。私自身は、決してできる営業パーソンだとは思っていません。だからこそ、目の前のことを、ただ続けていくしかないと思うんです」

いや違う！　塩野は入社のときから毎朝7時に出社する。誰もいないオフィスに朝一番で出社する。きっと営業の神様は見ていてくれる。何もできないけど、誰よりも先に出社する。知識もまだまだだけど、お客様の誕生日には必ず電話するのもすごいが、塩野は電話ではなく訪問した。結婚記念日、お子様の記念日、塩野の手帳はお客様の記念日で溢れている。ただ「ご結婚記念日おめでとうございます！」これだけ伝えて帰る日が続いた。しかし、ある日、難攻不落の社長の愛犬の命日を塩野は覚えていた。口もきいてくれなかった社長に「今日は社長さんがかわいがっていらっしゃった〝ワンちゃん〟の命日でしたよね」こう言うと社長は、「そんなことを覚えていてくれたのか。まあ、座れ」これがきっかけで社長の法人、個人保険両方の契約に成功する。

彼女は「凡事徹底」という言葉を座右の銘にしている。すなわち、「何でもない当たり前のことを、当たり前にやり続ける」ということ。

当たり前のようなことをし続けることが、周囲に相当な影響を与え、パワーを生み、それが自分を動かす力となることを、塩野は身をもって体験しているだけでなく、それが大逆転ＭＤＲＴメンバー塩野美香に大いに生かされていることは確かだ。

２０１６年秋、塩野は母を連れて四国は松山を訪れた。彼女の息子が、今年から松山で社会人生活をスタートさせたからだ。自分のお金で母を飛行機に乗せてあげて、温泉の地で一緒に過ごすことができた。そこには、人生の大変な苦渋を常に一人で生き抜こうとしてきた〝凛〟とした二人の親子の姿があった。

塩野美香（しおの みか）
神奈川県出身。大妻女子大学短期大学部卒業。現在、兵庫県尼崎市在住。
08年アクサ生命保険株式会社入社。現在に至る。
16年12月３日現在海外表彰基準達成４回（17年分含む）。
ＭＤＲＴ ２０１６年初登録。２０１７年も達成。

MDRTへの道

『野球一筋男が〝TOT＝6倍〟男に大変身！』

古田　真一

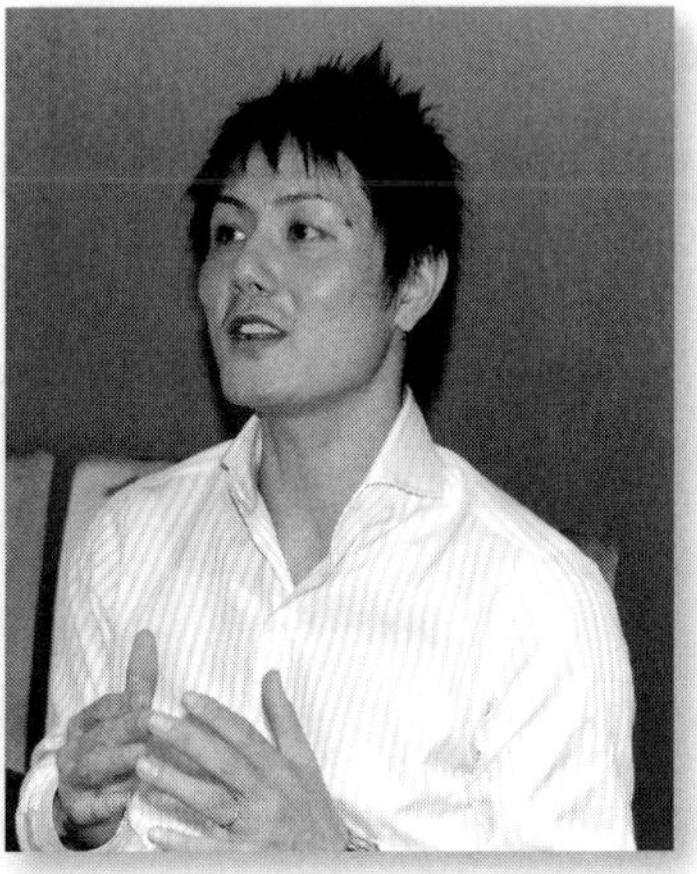

株式会社F.I.A.代表取締役
ファイナンシャルプランナー
2017MDRT TOT会員

野球一筋の生活から生保業界へ

とにかく「喜ばれる存在になる」がモットーだという古田。彼は現在、「保険見直し相談所　株式会社Ｆ.Ｉ.Ａ.」を立ち上げ、代表取締役として保険代理店を経営している。生命保険業界に入ったのは２００８年のことだ。

彼は現在35歳（２０１６年末現在）。ということは、27歳のときに保険代理店を立ち上げた計算になる。ならば、20台前半のときにすでに相当金融の知識を蓄え、人脈もすべてそろっていたのかと思いきや、まったく違うことをやっていた。

なんと、26歳まで野球一筋だったのである。もちろん、金融の勉強は野球をやめてからだから、かなりやんちゃな挑戦でもある。ところが立ち上げたその翌年にすでにＭＤＲＴ会員を取得。その後、業績は右肩上がりを続け、翌年からＣＯＴ（＝ＭＤＲＴの３倍の成績）を７年続ける。２０１６年末ついにＴＯＴ（ＭＤＲＴの６倍）を達成。保険だけで年収１億円を突破した。

これほどまでに業績を伸ばす秘訣は何か、知りたい人も多いだろうが、彼は笑いながら「戦略はゼロ、マーケティングもなし」と語る。ただし、とてもタフだということ、終始笑いを絶やさないこと、常に相手の喜ぶことをしようと頑張る姿は、人々に好感を与える。

では、古田が野球人生からなにゆえ生保業界という未知の世界に飛び込んだのだろうか。

とことん野球に打ち込んだ26年間

古田は大阪府八尾市で生を受けた。実家は1000年以上続く旧家で、彼は第18代当主にあたる。今、この旧家は隠れ家的なふぐ店として再生されており、彼はそこの代表取締役をして共同経営者という立場でもある。

保険と飲食、この2つがなぜリンクしたのかは追々紹介するとして、まず、彼の今の人格を形成した環境が素晴らしい。その一つは両親の子育てにある。

「運動会のときにかけっこで一番になれなくても、父に『お前の走り方のフォームは一番や』と言われました。そして、走りのセンスがあるとも言われました。常にポジティブだったですね」

人間の人格形成は、幼少期の6歳頃までに形成されると一般に言われているが、彼もまた、そうした環境のなかで伸び伸びと育てられた。そして、物事を何でもポジティブに捉えるようになった。

彼が学生時代に打ち込んだのは野球と剣道である。剣道は大阪一になったという実力だったが、野球もまた小学校から取り組んでいた。中学までは内野手で、体も小さく肩も弱かったが、「もっとうまくなろう、もっと速い球を投げよう」という負けん気と反骨精神は常に持ち続けたという。

そして高校進学。ピッチャーとして活躍をするも、「球速が120キロしか出ない」。さらにもっと速い球を投げようと練習したが、練習のし過ぎで肘を壊し手術を受けることになった。

「高校3年生の夏の高校野球大会大阪府予選の前でした。3週間の入院、手術、治療を余儀なくされました」

チームは1回戦であえなく敗退し、悔いと挫折感を味わう。古田はケガの他に大きな課題があった。身長が167センチしかない故の直球のスピードだ。周りの大人たちは、そんな167センチで満身創痍の男が150キロの速球など投げられるはずがないと笑った。
しかし、ここからが古田の反骨精神が強烈に発揮される。何と退院後、肘が壊れているにもかかわらず、毎晩2時間、あの松坂の投球フォームをビデオで見て研究する。

「普通にトレーニングしてもダメだと思ったので、何か違うことをしようと思い、西武の松坂大輔投手（当時）と同世代ということもあって、彼の投球フォームを毎晩2時間、見続けたんです。動画を食い入るように見続けていると、ある変化が起きました。瞼を閉じると、最初はモノクロで彼のピッチングフォームが見えるようになるんですが、それがやがて、カラーで見えるようになってきたんです」

映像として捉えた情報を、毎晩繰り返し長時間見続けることにより、もうビデオの松坂が次にどういう動作をするのか。次にどこを動かすのか完全に分かってくる。松坂の呼吸のリズムさえ同じになってくる。
潜在意識になりたい自分を毎日、強く繰り返しイメージすることで、そのイメージが現実化してしまうことは心理学で証明されている。この頃「俺は松坂や、俺は松坂や」と繰り返しそう思いながら、毎晩2時間以上も画面を見ていたというのだから、彼の投球にかける執念は尋常ではない。

実は、「手術で腕の神経にメスを入れたので、筋肉は落ち、握力もゼロ。医者からは握力は戻らず、障害者として暮らさなければならない」という忠告を古田は受けていた。回復するかどうかも分からないのに、この古田の負けん気は並ではない。

ビデオを見続けて1年後、本当に奇跡は起きた。投球練習をしていないのに肩甲骨や太ももの裏が筋肉痛になった。このとき古田は、「不思議なもので、全然動かしていないのに筋肉痛が起きた。人間ってイメージすれば筋肉も反応するんだなぁ」ということを実感したという。

自室に閉じこもってから1年後、やっとボールを握った古田は、なぜか「145キロの球が投げられる」と感じたという。まるで確証がないにもかかわらず、放り投げたボールは、球速145キロを示していた（両親がスピードガンで測定した）。

「自分でも急にこんなに球速が上がるなんて信じられませんでした。しかし、強い思いがあれば叶うということが分かったんです」

さらに、コーチとの不思議な出会いもあった。公園で古田がトレーニングしているとき、古田の投球を見て声をかけてきたのだ。そのコーチの指導により、何と夢の150キロ台まで投げられるようになった。

古田は、コーチの強いコネクションである球団からドラフト候補に挙がったのである。そしてドラフト会議当日、記者会見の用意をして指名を待ち、古田が5位指名される予定だったはずが、その球団は4位指名で終えてしまった。後で知ったことだが、実は、オーナーの脱税事件で彼のドラフトが白紙になってしまったのである。

しかし古田は諦めきれず、その後プロ野球の新人テストを受けた。しかし残念ながら不合格という結果に終わる。やはり実戦経験が少なすぎることと、身長の問題もあったらしい。ところが古田の挑戦は終わらない。挑戦する先を国内ではなく、海外にまで広げたのである。

「たまたま、ある人からアメリカのエージェントを紹介してもらい、その人に投球を見てもらったら認められて、日本人の招待選手としてフロリダ州にある独立リーグ球団に入団が決まったんです」

しかし、独立リーグとはいえ、厳しい現実が待っていた。米国に渡って早々に肩肘をケガしたことに加えて、転戦先へは長時間のバス移動を強いられる。小柄な古田は肉体的に疲弊し、結局チームについて行けず2ヵ月で首になってしまった。その後半年以上アメリカを放浪した。

保険業への道を第2の人生として歩む

独立リーグを退団し帰国した古田は、最後の望みを託す。それは広島東洋カープで行われる最後の入団テストだ。早速コンタクトをとり、スカウトと会う約束をする。しかし26歳という年齢から、テストを受けるにはギリギリのところまできていた。広島のスカウトから投球後に言われたのは、「実戦経験がないから」という一言で、あえなく断られてしまう。この時点でプロへの道を完全に閉ざされることになる。

「正直、このときはけっこうへこみました」と話す古田だったが、野球の経験を通じて悟ったことがあるという。

「努力するから成功するんじゃないことが分かりました。必死に頑張るから成功するんじゃないことも分かりましたね。自分は今まで頑張れば何とかなる！　と頑張ることで逃げていた気がしました。これからはそうじゃなくて、もっと力を抜いて、一度の人生楽しんでやっていこうと思いました」

この考えは後に、古田が保険営業をするようになっても、行動のいわば基本となった。

26歳になった古田は、次に何をするかを考えなければならなくなった。今まで野球漬けの毎日を送っていた彼にとって、他の仕事など考えることすらなかった。そんな彼は、母から次のようなアドバイスをされた。

「一生お金がついて回るのだから、お金の勉強はしておいたほうがいいよ」

それは、これから古田が生きていくために必要不可欠なのはお金であることを理解させようという、母の愛情だったのかもしれない。

古田は母のアドバイスを素直に受け入れて本屋に行き、金融関係の棚に目を走らせた。そしてＦＰの本を見つけると、独学で勉強を始める。

実は彼には、金融機関に対してある種のトラウマがあった。というのも、彼の父が損害保険代理店を経営しており、仕事のことを色々聞かされていたからだ。

「僕の父は主に自動車保険を扱っていました。もともとは損保の仕事ではなく、飲食関係をやりたかったらしいのです。ただ、先祖代々続いた家は大きいのですが、経済的には厳しく借金もかなりあったので、初期投資の少ない損保代理店の仕事をすることになったんです。でも、仕事はきついし辛いし、苦しいとずっと言い続けていましたから、僕にとっては『保険＝ネガティブ』というイメージしかなかったですね。しかも、父はその苦しさを酒で紛らしていた。それで身体も悪くして寿命が縮まってしまったんです。だから、保険関係の仕事だけは絶対無理だと思っていました」

古田が生命保険の仕事を始めると父に話したとき、最初は「本当に大丈夫か」と心配した。しかし、父はすぐに息子の選択を尊重した。

「父は事情があって自分の好きなことができなかった。だから、子どもには好きなことをさせて応援したいという気持ちがずっとあったんだと思います。僕をずっと野球に打ち込ませてくれて、仕事もすぐに理解を示してくれた親には本当に感謝しています」

ＦＰの資格を取得した古田は、ネットの求人サイトでＦＰの資格を活かせる仕事を探した。そこには、国内の大手や外資系の保険会社の求人募集が出ていた。しかし、古田はなぜか生命保険・損害保険の大手保険代理店に就職する。理由は至って単純である。

「大手の生命保険会社は、取り扱う商品はその会社１社だけですが、保険代理店だと色々な会社の商品を扱えますから。そして、ベストな提案ができますと紹介されていました。何よりも、複数社の仕事のほうがお客様にも喜んでもらえると思ったので、就職先に選びました」

古田の顧客を喜ばせるという気持ちは、これまで野球で色々世話になった人たちへの感謝の気持ちからである。

「今まで色々な人にお世話になったので、これからは人を喜ばせたり、お世話したいと思いました。それで、色々な保険商品を扱うという会社案内に、お客さんに喜ばれますと書かれていたので、これだと思いました」

顧客を喜ばせるために入った会社だったが、なぜか古田は２ヵ月で退社する。その理由を彼はこう話す。

「仕事をしている先輩を見て、全然楽しそうじゃないんですよ。元気のない人がお客様に元気を与えたり、喜んでもらえるのかなと疑問に思いました。その気持ちがすぐに大きくなり、だったら自分で会社を作って、まず自分がイキイキ仕事を楽しもう！　そして何より、出会っていく人を喜ばせたい！　この一心で独立を決めました」

独立して「保険見直し相談所」を立ち上げる

思い立ったら即実行が古田流だ。「会社には『辞めて独立します』って言ったら、上司から『うちを辞めて独立する？　あほか？　野球のやりすぎで頭おかしくなったとちゃう？　お前が独立しても絶対上手くいくわけないやろが』と笑いものにされました。それでも『まあ見ていてください』と言って辞めたんです」

啖呵を切って辞めたものの、古田は保険料とか保険金とか、基本的なこともまだ何も分かっていなかった。しかし、野球で支えてもらった人たちのことを思い出し、今度は自分がたくさんの人を支える番だと考えた。自ら興した会社が現在、彼が代表を務める「保険

見直し相談所　株式会社Ｆ．Ｉ．Ａ．」である。

代理店を興すとなると、当然、保険各社の乗り合いが必要になるが、保険募集人一人では複数社の乗り合い代理店はできない。ところが、彼に救いの手が差し伸べられた。前の代理店で働いていた女性が手伝ってくれるというのである。

「近々結婚して地元の埼玉に戻る予定なので、それまでならいいと言ってくれたのです。給料は払えないと言ったんですが、結局手伝ってもらいました」

しかし、先行きはまったく不透明である。どうなるかは予測不能で未知数だ。おまけに何でも自分が先導してやらなければならない。

「立ち上げてから1ヵ月ほど、眠れませんでした。何度も谷底から落ちる夢を見たりして、寝汗をびっしょりかいていました」

会社を立ち上げてから保険営業をしようと友人知人にあたる。しかし、思い通りにことは運ばず、厳しい現実が待っていた。

「なかには、保険を売っている奴は嫌いだと言って断られたりもしました。まるで自分が嫌われているようで、これでは続かない、無理やなと思いました」

そんなとき、古田は小学校時代の女性教師にコンタクトをとった。彼が3、4年生のときの担任だった。

「いくら古田君でも保険の話はダメよ」先生は当然のように古田のアポを断ろうとする。「先生、話くらい聞いてくださいよ。お願いします！」必死で会う約束を何とかとりつける。アポイントの基本はやはり熱意だ。

先生の自宅を訪問すると、たまたまご主人も在宅していた。このご主人というのが、税理士だった。生命保険は熟知していたが、古田はお構いなしに今彼が知り得る保険商品について熱心に語った。先生にはドル終身保険のメリットをシンプルに伝えた。保障が切れないこと。為替リスクはあるものの、保険料が円の終身保険より安く、予定利率も高いこと。とにかく、古田の屈託のない笑顔と陽転思考のトークが先生の理解を勝ち取った。

「古田君の保険いいわね。先生入ってあげる」

「税理士だったご主人は逓増がどうのとか、がん保険の全損がどうのと言うんですが、当時の僕には何も分かりませんでした。最初は戸惑っていたのですが、なぜか、保険営業をしているその熱心さがいいと言われて、一家の保険をすべて僕に任せてくれたんです」

それだけではない。ご主人は保険のことを古田に教えてくれただけでなく、顧問先の企業に彼を同行させてくれたのだ。


これだけを聞くと、あまりに偶然が積み重なったと思えなくもない。保険屋に保険を売るようなものだったが、結果的に彼の保険にかける熱意、気持ちが相手の心を動かしたということだろう。


「先生の教え子で、良い大学を出て良い会社に勤めている人を紹介してください」

積極的な古田はすかさず紹介を依頼した。

「いいわよ。10人くらいにメールしてあげる」

先生の紹介と税理士のご主人の応援で、何とか代理店を維持していく数字が最初の数ヵ月は続く。しかし、先生がどんなに応援してくれても契約が永遠に続くわけではない。


会社を立ち上げたときから、飛び込み訪問やテレアポはやらないと決めていたので、「行き先がなく不安に押しつぶされそうになっていた」という。楽しいことしかしたくないと思った彼は、では、何をやればいいのか、それだけを考えるようになった。しばらくは保険を売ることに終始していたが、このままでは長続きはしないと思った。

「だったら、いっそのこと、保険を売るのはやめて、お客様を喜ばすことだけをやってやろうと思いました」

顧客に喜んでもらうことに仕事をシフト

どちらにしても、このままでは永遠に頑張らないといけない。しかし、頑張るだけでは自分も楽しくないし、ましてや顧客も保険を売りつけられるだけで嫌な気持ちにさせてしまう。

「楽しんでもらうことをして、それでもダメならもういいや」そう思って古田が始めたことは、保険を売らないことだった。コアな顧客に精一杯楽しんでもらい、喜んでもらえるようなこと、それだけを考えて行動するようにしたのである。

彼が言うコアな顧客とは、10人の顧客である。しかし、10人の顧客だけを相手にしていて仕事が成立するのか、無理があるようにも思える。

「周囲からは、10人のお客様相手にどうするんだと言われましたが、僕は『10人しかいない』ではなく、『10人もおる』という捉え方をしたんです。『10人しかいない』というと、不足感がどうしても先行しますので、また新しい人を探さなくてはならない気持ちにさせるじゃないですか。しかし、『10人もおる』と思えば、充足感が得られますから、気持ち的にも余裕が生まれます。だから、この10人のコアなお客様をどうやって喜ばせたらいいかと、それだけをいつも考えていました」

では、彼はこの10人にどのようなことを行ったのだろうか。

「たとえば、あるタレントさんのことが好きだというお客さんがいたら、ディナーショーに連れて行くとか、買い物に行きたいけど足がないと言われれば運転手になるとか、最初はそこからスタートしました。会話のなかで気になったフレーズや、明らかに何か困ったことがあれば、できるだけ対応してあげるようにしていました」

「仕事＝保険を売る」だったものを、「仕事＝喜んでもらう」に切り替えた。顧客に喜んでもらうことにシフトしたことで、ある変化が起きた。

「月額保険料が数千円の医療保険に加入してくれたお客様から、財産家の人を紹介されるといった現象が起きました。別に紹介を頼んだわけではないんですが、『古田君に会ったら得すんねん。元気をもらえるし、楽しいから』と言ってくださるようになったんです。嬉しかったですね、そう言っていただけるのが」

古田がいま、もっとも大事にしていることは、1日に2、3人と会うこと。しかし、これも新規営業だけが目的ではない。コアな顧客を中心に毎日会うことで、顧客を喜ばせようとする古田の切なる願いからである。

「だから『古田君に会ったら笑顔になれたわ』とか、『元気をもらったわ』とお客様に言われたら、その日の営業はそれでマル、という感じです」

こうして毎日2、3人に会い続けると、年間に1000人ほどに会うことになる。

「この1000人のお客様の笑顔を作れば、何とか食べていけるんじゃないかと、そう思ったわけです」

現在、彼の顧客は1000人近くいる。もちろん、人柄だけで1000人もの顧客と取引できるほど簡単な世界ではない。古田もまた、顧客を喜ばせるために日々、コンサルタントとしての研鑽を積んでいることも確かである。

彼の経営理念は、「新しいお客様を探すのではなく、現在のお客様を大切にする。戦略・戦術を弄するのではなく、相談のために目の前に座っていただいた人を元気に、笑顔にする。そうすることによって素敵なご縁が生まれてくる」である。この考えをベースに、今なお、顧客に対する笑顔作りに邁進している。

単身MDRTバンクーバー大会に参加

独立するとき絶対無理だといわれた古田が、独立して1年後の2009年末にMDRT会員基準を突破した。そして翌2010年6月、MDRTバンクーバー大会に単身乗り込んだ。

アメリカ独立リーグを首になり、アメリカを放浪していた経験もあり、単身でバンクーバーに行くこと自体躊躇はなかった。ただその頃古田は、MDRT日本会や代理店分会があることも知らなかった。

世界からトップセールスが集まる。行けば何か得られるのではないかという期待だけで参加したのだが、誰も知り合いがいない。言葉も不自由で、6000人も集まる会場をどう歩けばいいのかも分からない。

アメリカ放浪時代は英語の話せる日本の友人と知り合い、何不自由なく過ごすことができた。しかし、今回は違う。1週間1人で食事しなければならないことに不安と寂しさが募った。ところが不思議な縁があった。

このバンクーバーの地でFPの勉強会で知り合った能登清文と出会ったのだ。能登はエイムの受講生で、福地の先導するツアーで大会に参加していたのだ。渡りに船とはこのことで、能登の紹介で福地に出会った。

それから毎日、エイムのMDRTメンバーと一緒に昼夜行動を共にした。帰国したらエイムの研修に参加して、不足する知識やスキルを習得することを福地に約束した。

「大会プログラムの内容にも圧倒されましたが、何より福地さんに出会えて帰国後きちんと保険セールスの勉強ができたことが、ツアー最大の収穫でした。これで自己流ではなく、プロのコンサルタントとして仕事ができると思えたことが嬉しかったのです」

古田はバンクーバーの収穫をこのように語る。

ところが、このとき事件が起きた。昼、福地たちとラーメン店で食事をしていたとき、トイレに立った隙に古田のセカンドバッグが盗まれたのだ。あっという間の出来事だった。よりによってバッグには、現金、クレジットカード、パスポート等すべての財産が入っていた。瞬時に古田は一文なしになってしまった。帰国は2日後だ。

しかし、古田はポジティブだった。すぐ笑顔に戻って言った。

「しょうがないです。これから日本大使館と警察に行ってきます。何とかなるでしょ」

「君、英語話せないでしょ？　大丈夫？」

「平気です。何とかなります」

同席していた一同は、この古田の底抜けの陽転思考にあきれてしまった。

結局、旅行社のガイドが大使館に同行してくれ、帰国費用を借り、予定通り無事帰国することができた。

帰国後、約束通りエイムのＰＡＣ研修を受講した。古田の妻もポジティブだった。「カナダで20万円も取られたんやから、これからは良いことばかりしか起こらないでしょ？その研修行ったらいいんとちゃう」

エイムの研修で、古田は保険のイロハから勉強した。主力のドル終身保険の価値をさらに確信した。

「古田さん、来年はＭＤＲＴ１倍ではバンクーバーに行った意味がないよ。３倍以上を目指しましょう！」

福地に啓発され、それからＣＯＴを目指すことを決めた。

古田流「分身の術」とは

彼の営業手法は極めて独特である。

「笑顔を作るだけで、営業ができるの？」そう疑問を持つ人もいるだろうが、笑顔作りが明らかに古田の基盤を盤石にしていることも確かだ。

一例をあげると、友人の母親が古田の勧める保険に加入してくれた。すると今度は、その友人の母親の知り合いを紹介された。ある商売をしている奥さんだったが、古田のことを話すと共感したらしく、保険のことなら古田さんに相談してみたらと、顧客に勧めてくれるようになったというのだ。
つまり、古田ではない別の人が保険について紹介をしてくれることを、さしずめ「分身の術」と呼ぶ人もいる。古田の知らぬところでこの「分身の術」が随所で使われているところに、独特の営業スタイルが確立されているともいえる。

古田には忘れられぬこんなエピソードもある。ある人からライオンズクラブの会合に誘われたが彼は、夜は早く休むことを理由に断った。ただ、朝早くなら大丈夫だと言うと、朝に開いている会があるという。そこで、その会に一度だけ参加した古田は、新規に参加した人に与えられるスピーチで、仕事の話は一切せず、自分の奥さんについて10分間話をしたというのだ。

このとき、会を主催していた東大阪に本拠を構えるカナオカ機材の金岡重雄会長が、古田に声をかけてきた。古田に魅力を感じたのだろう。その後の古田にとって、会長はかけがえのない人生の師となったというのである。
今、古田は、金岡会長の紹介で月に1度、京都の長岡市にある長岡禅塾に通い、坐禅を組んでいる。2012年頃から始めたというこの禅を通して、古田は一切の雑念を払い、日ごろの未熟さを実感しつつ、至福の時間を過ごしているという。

このような独特の営業スタイルを保ち続けながら、この7年間に業績を確実に積み上げ、メットライフ生命では「2014年度代理店個人部門売上げ日本一」になった。

旧家を活用してふぐ店の共同経営者に

彼は今、2枚の名刺を持ち歩いている。一枚は「保険代理店㈱F.I.A.」だが、もう一枚は「㈱満河豚（まんぷく）」という名刺である。なぜ保険以外の経営もしているかというと、古田の住んでいた実家は、1000年以上続いている300坪の旧家であった。その家を改装し、「大阪とらふぐの会佐一郎屋敷」として、本格的なふぐ懐石料理店をオープンさせたのである。

「以前は家族で住んでいましたが、僕は2年前に自宅を購入し、両親も『広すぎて住めない』とマンションに転居して空き家だったんです。そこで、この家をどう処分するか大工さんに相談したところ、『こんな蔵があって、欄間があって、井戸があってごっつい梁がある家はなかなかない。つぶしたら罰があたる！』と怒られました。じゃあどうしよう、どういう使い方ができるかな？ と考えました。そのときに思ったのが、『そうだ、1000人のお客様が喜んでくれる場にしよう！』ということでした」

「何をしたときにお客さんに喜んでもらえたかなぁと思い返してみると、『大阪とらふぐの会』という、マンションの一室で会員制の超隠れ家のふぐ屋さんに接待したときに、お客さん全員が喜びを通り越して、とても感動してくれたのを思い出しました。そうだ！実家をふぐ屋に改装したらお客さんも喜んでくれるんじゃないかと思い、それで大阪とらふぐの会のオーナーさんに家を使ってもらえないか相談したのです」

オーナーは、もう一店出店したいということ、出店するなら古民家のような店にしたいという希望があり、古田の実家を使うというアイディアが、まさにオーナーのニーズと出店タイミングに合致したのである。そして2015年8月、300年前に建てられた旧家を改装し、ふぐ懐石料理店として日の目を見ることになった。

「ふぐ屋のオーナーさんのおかげで、先祖代々続いた家をつぶすことなく、ご先祖さん、両親、家族、保険のお客様、今縁ある人に喜んでもらえる場にしていただけて、オーナーさんには感謝の気持ちで一杯です」

築300年の重厚な趣のある古民家の店は、蔵だった部分も離れとして改装し、すべて個室として利用できるようにした。改装にあたっては、できるだけ古民家の良さを生かそうと、内装以外はほとんど手をつけていないという。ここで供されるフルコースのふぐ懐石は、ふぐちりやふぐ刺し、唐揚げはもちろんのこと、焼きふぐは絶品である。

さらなる夢はシンガポールへの出店

古田には、新たな夢がある。それは、シンガポールにコンサルタント会社を設立することだ。彼の姉がシンガポールに定住していることもあり、同地に顧客を連れて行ったことがある。とにかく顧客に喜んでもらう、笑顔になってもらうような場所を選び、思う存分に楽しんでもらおうという趣旨で企画したのだが、これが予想以上に好評だった。

彼はシンガポールに出店することによって、顧客を接待する拠点としてだけでなく、発展著しいシンガポールに拠点を設けたい顧客のためにネットワークを構築し、橋渡し的な役割を果たしたいという。

「今もそうですが、最初は自分一人でやっていこうと思っています。しかし、いずれは僕の思いが十分に分かってくれる若い人を増やし、保険業やコンサル業は彼らに任せて、自分はもっとお客さんを楽しませる仕掛けづくりをしていきたいと思っています」

古田の顧客を喜ばせ、笑顔になってもらう活動は、これからも続くことだろう。

古田真一（ふるた しんいち）

1981年大阪府八尾市生まれ。大阪府立花園高校入学後、野球に打ち込むが、3年生のとき、夏の高校野球大会大阪府予選を前に肘を壊し、3週間の入院生活を余儀なくされる。1年間の療養の後、プロを目指し渡米。独立リーグに所属するも過酷な生活で消耗し1年持たずに帰国。その後、お金に関する資格を有するためFP資格を取得。08年に大手保険代理店に就職するも2ヵ月で退社し、株式会社F.I.A.を設立、代表取締役に就任、現在に至る。2017年TOT（Top of the Table）に初回登録。

『セミナーで感動を与える保険の伝道師』

藤原　良

あんしんFPパートナー株式会社
神戸サテライトオフィス長
2017MDRT成績資格会員（3回登録）

ファミレス店長の憂鬱

２００６年5月のゴールデンウィーク明け。大手ファミレス店長の藤原良は、過労で倒れ病院のベッドで点滴を受けていた。

「もう限界だ。これ以上この仕事を続けたら、心も体も壊れてしまうな」

今回は日帰り入院で済んだが、不規則な生活を続けたら次はこれどころでは済まないと医師に釘を刺された。

もともとファミレス店長の仕事は、不規則で残業が多い。神戸の日本一お子様ランチの売れる店の店長になってから、藤原のシフトは早朝から深夜にまで及び、さらに残業が増えた。バイトに急に休まれると、休日返上で穴埋めを店長自らがせざるを得ない。

そんな5月の月末、またあの会社から電話があった。

「人材発掘会社の伊藤（仮名）と申します。藤原さんのような将来リーダーとなる人材を探しています。仕事時間は自分でコントロールできますし、年収も成果次第で青天井です」

この会社からの電話はこれで3度目だ。最初は2年前の2004年冬。そのときは、入社して2年しか経っておらず、転職なんてまったく考えていなかったので、すぐに断った。もともと、大学時代からファミレスのアルバイトをしていたのが縁でこの業界に入った藤原は、おいしいものを提供して、お客様の笑顔を見ること、そして接客の仕事が何よりも好きだった。

入社してから、藤原は4年で4ヵ店の店長を経験する。しかし、彼の顧客への思いとは裏腹に、仕事はきつく、余裕がほとんどない状態が続いていた。

神戸の店長になって、「このまま仕事を続けられるだろうか……。もっと時間に余裕のある仕事ができないか」と思っていた矢先、会社の広報誌で「ファイナンシャルプランナー」という資格を見つけた。特に何がしたいということはなかったが、横文字で格好よさそうだったので、通信教育で資格取得のための勉強を始めていた。

そして彼は3回目の電話で、人材発掘会社の話を聞くことにした。

藤原の求めていた夢とは

電話がかかってきた翌週、久しぶりに休みが取れた藤原は、人材発掘会社から指示された西宮のカフェに足を運んだ。そこで彼を迎えたのは、アリコジャパン（現在メットライフ生命）の大下正樹（当時）だった。

「やあ、藤原さんお待ちしていました」

エネルギッシュな大下は藤原と強く握手をした。

「藤原さんの夢は何ですか？」

大下にそう聞かれて藤原は答えに窮した。それまで夢なんて思い描くこともなかったからだ。でも成長はしたかった。

藤原は小学校では神童といわれるほど勉強ができた。しかし、中学では自分より勉強もスポーツもできる人間がたくさんいた。その後、進学した高校では、藤原は並みの生徒になっていた。今、こうしてファミレスの店長をしているものの、これが自分の求めていた夢なのかどうか、彼自身まだ分からないでいた。

大下に夢は何かと聞かれて、藤原は心の底にあったもう一度何か自分の得意分野で上昇してみたいという思いが湧いてきた。話の途中で藤原は、ネットワークビジネスをやっていた友人からもらった、自己啓発セミナーのＣＤの話をしていた。思わず口をついて出たのだが、なんと、大下も同じＣＤを聞いていたというのだ。

「藤原さんは上昇志向があるんですね」

このＣＤの話がきっかけとなり、２人は大いに盛り上がった。

藤原は知らず知らずのうちに、大下の話にのめり込んでいた。夢に日付を入れる。夢が目標になる。その目標を達成するために計画を立て、溢れる情熱を持って計画を実行する。そうすれば夢は必ず実現する。夢を叶えるという目標が、彼のなかで具体性を帯びてきていた。

藤原はファイナンシャルプランナーを目指して勉強をしていることも話した。

「それなら、うちの会社に来たらファイナンシャルプランナーの資格も生きるし、何といっても今の仕事と違って、自分で時間をコントロールできますよ。次は当社で具体的な報酬体系の話をします。藤原さん、夢叶えましょうよ！」

藤原は大阪にある支社を訪問する約束をした。

「これでファイナンシャルプランナーの資格も生かせるし、もう残業や休日出勤で家族との時間を奪われることもないな。それに報酬は青天井だって？」

彼は自分の未来が輝いていることに興奮した。しかし、もう一人の自分が疑問を投げかけた。

「ちょっと待てよ。これって生命保険の営業の仕事だよな。お店に来ていただくお客様を相手にするのとはだいぶ違うぞ。大丈夫か……。俺にできるかな？」

しかし、今の仕事を変えたい一心で、藤原はアリコジャパン心斎橋エイジェンシーを約束通り訪問し、その日のうちに入社を決めた。

入社前からの不安が的中する

２００６年11月、藤原のアリコジャパンでの保険営業が始まった。しかし、入社前からの不安が現実のものとなる。大下から宿題として出され準備した１００件の見込客リストに電話したが、まったくアポイントが取れないのだ。

「藤原君、何で保険屋なんかになったの？　友だちなくすよ。僕はもう保険入っているし、見直すつもりもないよ」「君には生命保険の営業なんて向いていないよ。絶対うまくいかないから早くやめたほうがいい」

かけた電話の相手の反応は、ほとんどがこんな感じだった。友だちだと思っていた人からの断りが次々と藤原を襲った。

28歳まで彼の人生において大きな挫折はなかった。小学校時代は神童と言われ、中学でも秀才ぶりを発揮、高校は有名な進学校に合格した。大学も関西六大学に入り、まさに順風満帆。ただ、学生時代、バイト先のファミレスの仕事が楽しくて、就職が内定していた名古屋の中堅広告代理店を辞退するほどのめり込んだ。

大学卒業と同時に大手ファミレスチェーンに入社し、やがて店長になった。スタッフやバイトを使って店を切り盛りするオペレーションの仕事は楽しかった。お客様から注文を受け、それに従い料理を提供する。思えば、こちらからセールスをする必要がない仕事である。肉体的にはきつかったが、精神的ショックはなかった。

ところが、生命保険の営業はじっとしていたら何も始まらない。今まで自分から積極的にアクションを起こしていくという経験も、かけた電話がことごとく断られるという経験もなかった。

とにかく電話が怖い。朝出社して、昼には自宅に帰り、ベッドの上で見込客リストとにらめっこする日々が続いた。見込客にすら会えないのだから契約が取れるわけがない。この電話での断りの恐怖が、トラウマとなってこれ以降、藤原を長い間苦しめることになる。

ほとんどの保険営業パーソンが経験し、越えていかなければならない関門だ。稼働から4週間目でやっとアルバイト時代の先輩から医療保険をいただく。たまたま見直しを考えていたところだったので、運が良かっただけの契約だ。12月25日のクリスマスの日だった。

しかし、その後も薄氷を踏むような日々が続く。毎月の締めギリギリで査定基準をやっとクリアするだけの成績しか残せない。

どうにか1年目を乗り越えたものの、年収は保険だけでは200万円、ファミレス時代の収入を合わせてようやく400万円。時間はあり余るほどあるが、これならファミレス店長時代の給料のほうが良かった。だが、後悔しても遅かった。

エイムのPAC研修を受講

翌年の2007年1月。マネージャーである大下の勧めで、エイムのPAC研修を受講する。大下は以前この研修を受講しており、その成果を、保険契約と部下の採用・育成においてフル活用していた。

「セールスプロセスで一番大事なのはアプローチだ。このアプローチの成功がセールスの成功の8割を占める。このお客様との最初の5分のアプローチで、何をどのように話すのか。これを今日から勉強しよう！」

福地の指導は藤原に衝撃を与えた。

「初めに商品の話なんてもってのほかだ！　アプローチでは、問題の提起とその問題をお客様と共有することに、すべてのエネルギーを費やすんだ」

当時、講師の福地も若かった。藤原は、マンツーマンでロールプレイングの指導を徹底的に受けた。このアプローチを完璧にマスターしたら成功するはずだと彼は思った。

素頭は抜群に良かった藤原は、福地の教えるセールストークをそっくり再現できるレベルになった。受講直後は、研修で習ったセールストークが実を結び、大型の終身保険が連続で3件決まった。その後、エイムの受講生のなかで師範代とまで言われるようになるが、時を置かずして思うように成績が伸びなくなった。

その理由は、最初の電話アポイントで、断りの恐怖を克服できていないことにあった。情熱をもってアポイントを取ることができないことから、話す内容はマスターしたが話す相手を探せない、そんな状態だったのだ。

アポイントの電話が少ないので、やはり結果は上がらない。保険営業で一番大切なことは見込客を作り続けることだ。しかし、なりふり構わず既契約者に紹介をお願いしても、どこか格好をつけるので、うまくいかない。

それでも藤原は、東京で毎月開催しているPAC受講生のためのフォローアップ研修に大下と通い続けていた。営業成績が上がらないから、お金はない。だから移動手段は夜行バスだった。

剛速球のブルペンピッチャー

大下はすでにMDRTメンバーになり、2008年には福地とMDRTトロント大会で祝杯を上げていた。しかし、藤原は達成できずにいた。大下は自分が採用した藤原に付き合って、毎月一緒に夜行バスでエイムのフォローアップ研修に参加した。

ロールプレイングはピカ一なのに実績は大下のほうが常に上。エイムの別の受講生からは、藤原のことを150キロの剛速球を投げるブルペンピッチャーと皮肉るものもいた。「ブルペン＝研修」では抜群のプレゼン力があるのに、面談数が極端に少ないので「試合＝本番」では勝てないからだ。

剛速球のブルペンピッチャーと揶揄された藤原の、PAC研修前の年収は400万円、

ＰＡＣを受講した2年目はやっと６００万円を超えたが、その後４００万円台を超えることはなかった。

アリコジャパン最後の６年目は２５０万円まで落ち込んだ。断りの恐怖を克服できずにいたことから、電話に手が伸びないばかりか、足も動かないという悲惨な毎日だった。


ご存知の通り保険営業の報酬は事業収入だ。給料とは違う。手数料収入から交通費や研修費等の経費を引いた残りが所得となる。経費込みの４００万円の年収では、ファミレス時代より手取りは少ない。

収入が少ないので、ネットワークビジネスの甘い誘いに乗った時期もあった。塾講師や家電量販店でマッサージチェア販売のアルバイトをしながら、何とか家に生活費を入れていたが、じり貧状態には変わりなかった。


そして２０１２年10月。藤原はアリコジャパンを退社した。

新天地を求めて保険代理店に移籍したのだが、移籍後の1年半は借金を借金で返すという自転車操業を繰り返した。ついには妻との折り合いも悪くなり離婚した（調停離婚したが、長男の親権も取れず）。人生のどん底の時期であった。

「この仕事はプロの仕事。『やるかやらないか』ではなく、『やるか徹底的にやるか』でした。このときは、まだやはりこの仕事を一生やり抜くという覚悟がなかったんですね」

藤原は当時をこう振り返る。

アポ取りから逃げ続けた日々

アリコジャパンでどん底を味わった藤原は、早くここから逃げ出せることを願っていた。そんな彼の次の一手は、安定かつ確実な報酬を得ることであった。

藤原に舞い込んだ転職の話は、彼の一番苦手とするアポイント電話から脱却でき、かつ報酬は固定給600万円というものだった。さらに、代理店の社長が開拓した顧客をもらえるという魅力的な話も含まれていた。

藤原は、立たされた打席でヒットを打つのはうまい。エイムで培ったプレゼンテーションやスピーチは得意だ。セミナービジネスを展開している代理店だから、得意なセミナーの講師もできる。複数の取扱い保険会社でお客様の期待に応えられるという点も、彼の心を揺さぶった。

結局、新天地を目指して保険募集人8人、事務員4人の小規模代理店に移籍した。しかし現実は厳しい。

彼が入社したとたん退職金制度は廃止。セミナーは入社歴が浅いため任せてもらえない。土日は完全休業のため、申込書を作りたくても月曜日まで待たなければならなかった。社長の顧客をもらえるという話は、当然、社長の独断で割り振るので、藤原の不公平感、不信感は募る一方だった。

これは当然起こりうるサラリーマンの宿命だ。責任は選んだ自分にある。プロのコンサルタントになれず、固定給のサラリーマンになったのに、新天地に移ってからも不満を漏らす日々。家庭崩壊でどん底の藤原をさらに厳しい逆風が襲ったのだった。

再び大下の元でチャレンジする

藤原が再度どん底で低迷していた頃、元上司の大下は、大手保険代理店のあんしんFP

パートナーに移籍し、大阪支社長として辣腕を奮っていた。

大下が採用育成する大阪支社の保険募集人は、このときすでに60人を超えていた。大下は、アリコジャパンを退社した藤原を思い、月に一度の大下会に誘った。大下会とは、大下が主催するアリコジャパンを辞めてもなお、このビジネスで頑張っている仲間を集めて激励する飲み会だ。

藤原から見る大下は、生き生きと輝いていた。大下はアリコジャパンから代理店に逃げるように移っていった彼に言った。

「藤原君。ワンモアチャンスだよ。うちの会社は今、藤原君がいる会社より取扱い保険会社が多く、しかも会社独自の顧客紹介サービスがある。もう一度プロにチャレンジしてみないか？」

妻と別れ、子どもにも会えない。彼に残された選択肢はもうない。「この大下さんの元でやれなかったら、完全にこの業界を辞めよう。これが生保業界最後の会社だ」と覚悟を決め、移籍を決意した。

2014年5月、藤原は不退転の決意であんしんFPパートナーに入社。「初月にANP（初年度年間保険料）を200万円獲得できないなら即退社しよう」と誓った。このとき初めて、藤原に一番必要なプロとしての覚悟ができた。

もう後がない。これが最後のお客様だという思いで、一人ひとりのお客様に全力で向かっていった。その結果、初月の延べ面談数は100件を超えた。目標としていたANP200万円はクリアした。

「まだだ。今までの分を取り返す！」

翌月も200万円を軽く超える。〈毎日3件の面談数＝週15件以上の面談＝成功の方程式〉の意味がようやく分かってきた。会ってお客様に話すことができれば、藤原の得意とするプレゼンテーションが活きてくる。

週15件の面談の半分以上が提案につながり、提案の9分9厘は成約となった。リズムが出てきたと同時に、自信がみなぎってきた。

「藤原君、本気モードに入ったね。やればできるじゃないか！」

大下は、良い意味で予想を裏切られたことに喜んだ。そしてスカウトした仲間を育て上げていくことに情熱を注ぎ続けた。

「会えば契約が取れる！」

成約率の高さが藤原のさらなる自信につながった。エイムで再受講、フォローアップ研修、そして夏冬の合宿で磨いたスキルがようやく実を結んだ。

遠い存在だったMDRTが見えてきた

毎月自分との約束を守り、週15面談を続けた。3ヵ月を過ぎた頃から、藤原にとってははるか遠い存在だったＭＤＲＴを意識するようになった。目標意識が変わるとあの苦手だったアポイントの電話にも、熱意を持って立ち向かえるようになった。

「松本さんにぜひとも聞いていただきたいお話があります。これだけは、どうしてもお伝えしなくてはならないお話なのです」

不思議なもので、契約が着実に取れてくるとアポイントの電話の恐怖はどんどんと薄らいでいく。

「伝えるのが仕事、伝われば必ず契約になるので、伝えることだけにエネルギーを集中しよう」

もうリストと、にらめっこをしていた藤原の姿はそこにはなかった。

得意なセミナー営業の成果のおかげで、既契約者からの紹介も自信を持ってお願いできるようになっていく。

「福地先生から習ったことは、間違いではなかった」

プレゼン力とスピーチ力は完璧。しかし、アポイントの恐怖でマウンドに立てない。ブルペンでしか剛速球を投げられない弱気なピッチャーと言われていた藤原の快進撃が続いた。

そして２０１４年12月、念願のＭＤＲＴ会員基準を入社半年で達成した。

イベント会社社長との出会い

人生は、毎日の活動や考え方が積極的になると、さらにツキを呼んで運が上向いてくることがある。藤原のセミナーからお客様になった鍼灸整骨院のオーナーが、彼の生保販売の理念に感動していた。

「藤原さん。私のお客様にイベント会社の社長がいるんです。藤原さんの話をマッサージしながら話したら、今度会わせてほしいって言ってたよ」

これが、藤原のやりたかったセミナー営業の始まりだった。

「日本は世界有数の長寿国家です。これから長い人生を生きていくためには、公的年金や健康保険だけに頼っていたら、豊かには生き抜けません。長く働く時代がやってきました。長く働く時代には、長い生命保険が必要です。そして、そのお支払いになった保険料を1円もムダにしないことです。さらにインフレ、増税、円安に負けない賢い資産形成の勉強が皆さんに興味を持っていただけると思うんですよ」

藤原の熱いプレゼンが始まった。

イベント会社社長の園田（仮名）は、会員制のセミナーサロンを主宰しており、セミナーの講師として新しいジャンルの先生がいないか探していたところだった。今まではヨガ、アロマテラピー等、美容や健康に関するテーマが多かった。
「家計のお金の節約とインフレ、消費増税、円安に負けない増やし方か……それやりましょうよ」

園田は藤原のユニークな切り口に注目した。

「藤原さん、僕とタイアップしてもっとこのセミナー大きく広げていきませんか？」
園田の提案に藤原は歓喜した。園田のおかげで、マネーセミナー付きランチ会は平均10人ほどの主婦が集まる。この会が年に3回位開催されるようになった。
他に藤原のお客様からの紹介で実施するセミナーも、少しずつ増えていく。それは、藤原がお客様に自己紹介するとき、「私はお金の増やし方や家計を節約する方法などのセミナー講師もやっているんですよ」と最初に話すからだ。

会社のイベントでやるセミナーは夫婦での参加が多い。藤原は毎月のようにセミナー講師を引き受けた。会社や彼が実施するセミナーは、6人以下の小規模な集客が特徴である。しかし、なんとその9割が藤原の新たな顧客になっていった。

セミナーを活用した藤原の営業手法

セミナー営業は、最近ではストレスのない営業方法として多く実施されるようになっている。しかし、実際にはセミナーで集客しても次の個別相談につながらなければ、時間と会場費、集客のための広告宣伝費はムダになる。

多くのセミナー講師は、セミナーの内容に自分自身が陶酔してしまい、肝心な「次のステップ＝個別相談」のクロージングができないでいる。藤原は、下積みは長かったが、下積み時代に身につけたプレゼン力、クロージング力があった。セミナーを開催し、次につなげるという力では、普通の講師とは比較にならないほどの実力があった。

「次の個別相談をしていただかないと、家計も節約できませんし、お金も増やせないですよね。ですから、次回の個別相談をお受けください」

園田のようなコーディネーターがいるセミナーでは、「本日の講師の藤原さんはファイナンシャルプランナーです。セミナー終了後、なるべく早めに個別相談を受けられることをお勧めします」とセットアップしてくれるので、次回の相談につながる確率が高くなる。

藤原のセミナーのコンテンツは多彩だ。家計の節約セミナーでは、「家計を節約する特効薬は、水道光熱費を節約することではありません。大きい支出である生命保険や貯金をムダなくすることです」と躊躇せずに生命保険の話に持っていく。

「生命保険の仕組みを知らないと損をします。医療保険やがん保険も、いざというときに会社、商品によって給付される場合とされない場合があります。肝心なときに出ない保険なら、貯金にお金を回したほうがいいですよね」

彼が展開する正論に、参加者の誰も反論できない。

定期保険を賃貸住宅、終身保険を持ち家に例える例話法は、素人であるお客様にとっても分かりやすく感動を呼ぶ。

「終身保険は安心の持ち家です。持ち家ですから、保険料は住宅ローンとお考えになるといいと思います。60歳でローンが払い終わると、それ以降は1円も家賃もローンも払わずに、安心の家に住み続けることができます。ローンが払い終わり、この家が必要なくなれば、いつでも〈売却＝解約〉することができます。若いうちに契約すれば、払ったローン総額より高く売却できる場合もあります。また、この家は目には見えない家ですが、長く住めば住むほど高く売れると考えることもできます」

そして、「しかし、生命保険には最大の欠点があります」藤原がこう言うとセミナー参加者は聞き耳を立てる。

「生命保険最大の欠点はインフレに弱いということです。戦前に入ったおばあちゃんの生命保険は200円くらいです。でも戦前は200円で家が買えたそうですよ。戦後のインフレで200円は子どもの小遣いにもならなくなりました。このインフレに負けない保険や貯金をしないといけませんね」

藤原がメインに販売する商品は、ドル終身保険と変額保険だ。この問題提起でお客様に投資についてレクチャーする。

「60歳以降は大きな保障がなくなったので解約したら、ほとんど保険料は戻ってこなかった。これでは長い目で見たら家計の節約にはなりません。さらにゼロ金利の財形や郵便局、銀行で貯金をしていれば、老後リタイヤする頃にはインフレ・増税・円安で、財産が半分に目減りしてしまうかもしれません」

もう少し話を聞きたいと思う頃、藤原のセミナーは小一時間で終了する。

「これ以降は、皆さんそれぞれ事情が違いますよね。お子様のいらっしゃる方、いない方。住宅ローンの残債等によって家計を見直す部分など、色々違ってきます。ぜひ個別に相談をお受けください」

藤原のセミナーのコンテンツは多彩だ。

①家計の節約とお金の貯め方
②年金・健康保険・介護保険等社会保険の仕組み
③インフレ・増税・円安に負けない投資法
④良い医者・良い治療法を見つける方法
⑤賢い生命保険の入り方

参加者の層に合わせてこのなかの2つを選択して、セミナーは行われる。これもエイムの研修時代に習得した知識が生きている。

MDRT会員、藤原良誕生

２０１５年４月。藤原は、福岡で行われたＭＤＲＴ日本会に参加した。

「参加者全員がＭＤＲＴメンバー？」

藤原の初参加の喜びも束の間だ。自分はやっとファーストタイマーだ。しかも3倍のＣＯＴ、６倍のＴＯＴ会員のリボンをつけているメンバーが想像以上に多い。ＭＤＲＴ基準の一倍である自分はこの大会では底辺だ。まだまだプロの駆け出しであることに気づき、むしろ意気消沈気味になった。

この年の6月、藤原は初めて北米大陸に渡った。降り立ったのは、大河ミシシッピー川の下流にある大都市ニューオリンズだ。ＭＤＲＴ世界大会に初めて彼は参加したのだ。大会初日の夕方のプログラムは、ファーストタイマーミーティングだ。参加した藤原に与えられた記念コインには「MDRT ANNUAL MEETING 2015 JUNE 14-17 FIRST TIME EXPERIENCE NEW ORLEANS」と刻まれていた。

このときの驚きを、藤原は忘れない。あんしんFPパートナーのMDRTメンバー一行10人のなかで、藤原はファーストタイマーのグリーンのネームホルダーをつけている。世界から集まった1万人のメンバーを見ると、ここではさらにCOT、TOTのリボンをつけている人数に圧倒された。

「10年でついにプロの仲間入りをすることができた。諦めずに大下についてきて本当に良かった。しかし、これはまだまだ始めの第一歩。来年もMDRT会員基準は落とすわけにはいかないな」

藤原にとっては決意を新たにする大会となった。

ニューオリンズコンベンションセンターで福地と握手を交わすこともできた。「おめでとう！　よかったね」

藤原のはにかむ笑顔が印象的であった。

嬉しい出来事そしてCOTを目指して

もう一つ嬉しい出来事もあった。どん底の藤原を支え続けてくれていた女性と再婚することができたのだ。

彼の趣味はマラソン。２０１２年９月に行われたマラソン同好会の飲み会で奈穂と出会った。奈穂の明るい性格がどん底時代の藤原を勇気づけ、励まし続けた。そして２０１３年８月に入籍。藤原の公私にわたる大逆転が始まった。

２０１５年に新設の神戸サテライトオフィスの長となり、さらに、生産性を伸ばしていく。２０１６年12月末現在、２０１７年のＭＤＲＴ基準も達成した。これで３回目である。あんしんＦＰパートナーの１年目の年収は１５００万円に。そして２年目１８００万円と着実に伸びてきた。

後は新しい家庭で新たな命を待つばかりだ。

一度ＭＤＲＴを達成すると、周りからの見る目と態度が変わり、二度と落とせなくなるというプレッシャーが良い緊張感を生む。トップ営業マンとしての自負と自信から、自身が話す言葉にも力が込められるようになったという藤原。

契約を取り続ける秘訣は、どんなお客様でも、長生きのリスクを重点的に話し、福地流財産形成のポイント「インフレ・増税・円安に負けない」を伝えることで信頼を得ることだと藤原は話す。信頼を得ることができれば、医療保険やがん保険は私に一任してもらえる、彼の自信に満ちた言葉にも力がこもる。

「日本では運用や税金に対する知識が欠けている方が多いので、それらをうまく活用した効率的なお金の貯め方を伝えることが大事」

藤原はそう思っている。

最後に、今後の夢を聞いてみた。

「今後の夢は3倍のＣＯＴを達成することです！」

藤原良（ふじわら りょう）

１９７８年兵庫県加古川市生まれ。01年３月関西学院大学経済学部卒業後、大手ファミリーレストランチェーン入社。その後、06年11月アリコジャパン（現メットライフ生命保険株式会社）に転職。12年11月に固定給の代理店に転職したのち、14年５月あんしんＦＰパートナー株式会社大阪支社入社。16年７月より同社神戸サテライトオフィス長就任、現在に至る。ＭＤＲＴ登録回数３回。

2015 MDRT Annual Meeting
MDRT®
NEW ORLEANS, LOUISIANA, USA
FIRST-TIME
MDRT®
ANNUAL MEETING
2015
JUNE 14-17
NEW ORLEANS
EXPERIENCE

MDRTへの道

『保険営業のプロを育てる情熱の人』

福地　恵士

株式会社エイム代表取締役
2002MDRT成績資格終身会員
2017MDRT Quarter Century会員（25回登録）

人生を変えた一本の電話

「福地さーん。別所さんという人から電話です」

１９９０年11月末、勤務先に電話がかかってきた。

「福地さんですか？ ソニープルコ生命という保険会社の別所（当時）と申します」

「えっ？ 生命保険は結構です」

「いいえ、生命保険の勧誘ではございません。福地さんのような優秀な人材を探しておりまして、当社への転職スカウトでお電話しました」

「えっ？……………………（転職スカウトだって？）」様々な思惑が浮かんだ。

気を取り直して答えた。

「月末の締めで忙しいんで、月が変わったらまた電話していただけますか？」

「そうですか、ではまた月初めにお電話させていただきます」

別所の電話はあっさりと切れた。

「これが、ヘッドハンティングってやつか？」

月末の数字の追い込みで多忙だったが、突然のスカウトの電話に少し胸騒ぎがした。一方で、何でもう少し詳しく話を聞かなったのか後悔した。

福地は、総合光学メーカーのＨＯＹＡで眼鏡店回りの営業を10年やっていた。眼鏡店にＨＯＹＡのレンズ、フレーム、検眼機器、眼鏡加工設備機器を、問屋を通さず直接売るルートセールスだ。

自社商品の店頭シェアを上げるには、店の売上を増やして店のＨＯＹＡの仕入れ枠を作ることだ。そこで、「バリラックス エキスパート 福地恵士氏来店する」と自分でチラシを作成して、遠近両用眼鏡相談会を企画し販売の支援をした。

当時、眼鏡専門店は月に３００万円の売上があれば超優良店だったが、この遠近両用眼鏡相談会は２日間で５００万円を売り上げたこともあった。福地が「この店は伸びる」と見込んだ店は年間の販売計画を立て、チラシ作りから手伝った。

他社商品も掲載したチラシを作るために、毎月のように夜中まで商品撮影を行った。店主や従業員へは販売方法、視力測定、眼鏡加工等の研修も行った。だから眼鏡店の売上増大に貢献しているという自信があった。

その甲斐あって、彼は営業成績で全国のトップ5に入り、ヨーロッパ視察研修旅行のメンバーに選ばれた。旅行に参加したのは各部門（レンズ、フレーム、シニアレンズ、設備機械）の優秀セールスマンで、旅行中は同行した常務を囲み、毎日のようにホテルの部屋でワインを飲んだ。この常務との飲み会が、その後の昇格を決める面接でもあったのだ。

「福地。お前も頑張っているから、そのうち偉くしてやるからな」

同行した大宮営業所所長の井上（当時）の口癖だったが、福地は井上とウマが合わなかった。視察研修旅行先での飲み会で、「福地はどうなのか？」と聞く常務に、井上はこともあろうか「こいつはまだガキですから」と答えた。

このとき、福地は井上の言う通りだったかもしれない。ただ無性に腹が立った。「偉くしてやる」っていつも言っていたのに、肝心なところでガキ呼ばわりか。井上に気づかれないように、ホテルのエレベーターホールで寸止めの飛び蹴りをした。

このシーンを後ろから常務は見ていたらしい。HOYAでの出世の道は完全に閉された。

ソニープルコ生命の池袋支社長

ある福地の同期は、東京営業所の所長になっていた。しかも、東京営業所随一とも噂された美人と結婚した。それに引き換え福地は結婚のチャンスも巡ってこなかった。「出世できない」「結婚できない」「夢持てない」の三重苦の福地に、今回の電話はチャンス到来かもしれない。別所からかかってきたリクルートの電話を、何ですぐに切ってしまったのか後悔した。

12月1日、月初の営業会議が終わり2、3日があっという間に過ぎた。「もう電話はないかもしれない」そう思っていた12月6日、別所から電話がかかってきた。

「福地さん、私の方からそちらまでうかがいますので、お話を聞いていただけませんか?」

福地は二つ返事で別所と大宮営業所のあったソニックシティビル14階の珈琲貴族で会う約束をした。

店に入ると、ソニープルコ生命の封筒を持っていた別所を、すぐに見つけることができた。少し緊張の面持ちで名刺交換をした。話はあっけないほど短かった。

ソニープルコ生命は、ソニー系の生命保険会社であること。独特の報酬体系があることなどで、詳しい話は池袋支社でＣＩＰ（Career Information Program）という導入研修を受けてほしいということだった。通常は３〜４回あるというＣＩＰを、福地は代休を取るので１日でやってほしいと別所に頼んだ。

そこで、翌週の水曜日午後１時から池袋支社でＣＩＰを受けることになった。

池袋は福地の生まれ故郷でもあった。祖父の家のそばに池袋支社はあった。駅西口から徒歩10分ほどの、お世辞にもあまり環境の良いオフィスではなかった。ソニープルコ生命は、１９８１年の営業開始からまだ10年目の発展途上の会社だった。別所の案内で、池袋支社長である大島守（当時）と会った。

「福地さん。今日はわざわざ代休を取ってお越しいただき、ありがとうございました。４回のＣＩＰを１回で受けるという福地さんには、やる気を感じますね。ＨＯＹＡさんも素晴らしい会社ですが、福地さん！　福地さんの人生の主役は福地さんですよね。福地さんは今、ご自分が主役の人生を歩んでいらっしゃいますか？」

大島のこの質問に、福地はいきなりカウンターパンチを食らったように感じた。

「主役ですか……」。福地は、とても「はい」とは言えない人生を歩んでいると思った。

その反応を見て大島はたたみかける。

「福地さん、人生を変えませんか？　福地さんの人生は、福地さんが主役なんですよ。夢を叶えましょうよ。福地さんの夢って何ですか？」

人生を変える？　夢だって？　そんなこと考えて生きたことがなかった。急に夢と言われても即答することなんてできない。

「まず、このビデオを見てください。終わってからまたお話ししましょう」

福地は、一人会議室でソニーのビデオレコーダーでソニーとソニープルデンシャル生命（発足当時は、プルデンシャルとの合弁会社であった）創立者の盛田昭雄氏のビデオに見入った。ビデオの盛田が語りかけた。

「組織の歯車として働くのも人生ではありますが、あなた自分自身が原動力になって仕事をするのが、ソニープルコ生命のライフプランナーです。アントレプレナー＝つまり独立事業家というのもあなたの人生の選択肢なのです」

「あのソニーの盛田が作った保険会社か……。そうか、組織の歯車として生きるより、俺は自己完結型の何でも自分で責任を負うこの仕事が合っている。もう上司の脇役を演じるのはやめよう」

福地は心の中で叫んだ。サラリーマンとして10年間HOYAでやってきたが、自分が主役になることはなく、お客様のために必死に働いてきた。店の売上を上げ、支店をどんどん出す仕事は楽しかった。しかし、自分自身の夢なんて描けなかった。

「福地さん、いかがでしたか？　盛田さんのビデオを見て思うところがあったんじゃないですか?」。そう大島は話すと、今度は所長の別所から報酬体系について説明を受けた。

営業を開始して初月は月払い保険料2万5000円を毎週獲得する。半年後3万円の保険料を毎週獲得すると、スタートのサラリーが30万円、基準を突破すれば3ヵ月ごとに48万円、72万円、96万円…1年半後、月の報酬が120万円、さらに2年後からそれにボーナスが年4回出る。3年後には年収が3000万円を超えるというシミュレーションを見せられた。

「福地さん、今の年収５００万円が１０００万円になったところで人生は変わりませんよ。サラリーマンの目標は、年収１０００万円かもしれません。でも我々はプロなんですから、３０００、４０００、５０００万円、そしてもっと高く億を目指しましょうよ！」

福地は大島と別所の話に驚喜した。

当時、生命保険の市場は加入率90％と、一見飽和状態のように見えるものの、売られているのは定期付き終身保険ばかりで、顧客志向とは程遠いこと。ソニープルコ生命の終身保険は、個人顧客のニードを満たす商品であること。長期平準定期保険は節税にもなるので、法人マーケットにおいて非常に好評で売れている、などのレクチャーがあった。

一定の売上を上げれば毎年ハワイのコンベンションに招待される。家族も招いて家族全員で表彰の舞台に立つのがソニープルコ生命の文化であること。これにも心がときめいた。

「毎年ハワイかぁ…」

ただし、うまい話ばかりでない。つまり報酬は青天井だが、それは売れたらの話だ。フルコミッションセールスの厳しい現実もあるのだ。売れなければドン底まで収入は落ちる。見込客はソニープルコ生命では一切紹介しない。すべて自ら開拓する。

福地は、厳しい試練と表裏一体なのが保険営業であることも、漠然とだが感じていた。

紹介はX-Y-Zの無限連鎖でうまくいく?

マーケット開拓は、X-Y-Zの紹介の無限連鎖でうまくいくと別所は言った。

Xとはベースマーケット(=イニシャルマーケットともいう)だ。自分の友人、親戚、前職の顧客を意味する。このXマーケットにソニープルコの商品を一所懸命に提案すれば、必ず契約につながる。そしてそのXの知人・友人を紹介していただく、これがYマーケットだ。

Yにもソニープルコの商品を一所懸命に提案する、そして契約。このYから紹介をいただくとこれがZマーケットだ。もうZまで紹介が広がれば、Zと元のXとのつながりはほとんどなくなる。あとはZ-Z-Z-と無限にマーケットを広げていくだけだ。

このマーケット開拓の話に福地は疑問を持った。

「本当に生命保険の紹介が無限に広がっていくのだろうか？」

疑問はあったが、それよりもリスクを取って自分の夢を実現する人生に心がときめいた。福地はいつの間にか別所や大島に自分の夢を語っていた。


30年間団地住まいなので、ホームシアター付きの家を建てる。海外旅行なんてサラリーマンだったら、新婚旅行とフルムーン旅行くらいしかできないと思っていたが、毎年ハワイに行ける。結婚したら大好きなゴルフとスキーのどちらかをやめなければ暮らしていけないと思っていたが、そんなことはない。その他にスキューバダイビングで世界中の海に潜る。ゴルフの会員権を買う。別荘を買う。ＢＭＷを買う……。


もうその場で入社申込書にサインしようと思ったが、ぐっとこらえて翌週の水曜日に池袋支社を再訪する約束した。

「福地さん、来週は代休を取る必要はありませんよ。夜の何時でも待っていますから」

約束どおり水曜日22時過ぎ、福地は別所、大島の元を訪れ入社申込書にサインをした。

そして彼は翌年1月末、ＨＯＹＡの井上所長に辞表を出した。予想通り引き留められることはなかった。

1991年4月1日ソニープルコ生命は、ソニー生命に社名を変更した。福地はその第1期生として同期入社の30人と青山の本社で入社式を迎えた。4月中は研修期間で5月1日から営業を開始した。福地33歳のときだ。

第1号の契約は、HOYAの先輩からだった。

毎週HOYAの同僚から契約を獲得し、末には父親の務める電気工事会社から社員全員加入の養老保険を獲得。さらに6月、7月、8月とベースである眼鏡店の社長から、大型の法人保険を毎月獲得して、9月には同期トップでマウイ島のコンベンションとMDRT会員基準を突破した。

夢にも乗れると思わなかったBMW525を600万円のフルローンで購入。福地は有頂天だった。

有頂天から真っ逆さまに奈落の底へ

しかし、福地が一番恐れていたことが現実化した。Xマーケットからの紹介が出ないのだ。25週連続挙績を別所、大島と約束していたが、15週ほどで途切れた。来年の夏のマウイ島のコンベンションに支社でも1番に入賞したのに……。とうとう別所から通告された。

「福地さん、毎月最低でも15万円位のコミッションを獲得しないと、来月の収入が20万円に下がるよ」

「えっ？　そんなの聞いていませんよ！」

別所はＣＩＰのときに確かに説明したという。もしかしたら聞いたかもしれないが、そんなペナルティの話より夢の話が勝っていたので福地は忘れていた。

彼はこの最低の関門を突破するのに四苦八苦する。12月年末のコンテストは惨敗だったが、来年のコンベンションに連れていく伴侶、由里子のアポイントを取れたのが、せめてもの救いだった。

「どうしたら紹介をコンスタントに獲得できるのか……」

これにもがき苦しみながら、月に獲得しなければならない最低の基準が福地の目標になってしまった。


1992年4月。MDRTソニー会と日本会の研修会に出席したが、特に日本会では圧倒的に女性会員が幅を利かせていた。国内大手の保険会社の会員からいわゆるカタカナ生保のメンバーへの風当りは強烈であった。

「あんたら外資系のやり方は分かっているんだ。定期付き終身保険から終身保険への乗り換えをやっているんでしょ。おばさん、おばさんって、おばさんの保険のどこが悪いのよ？　おばさんだって頑張っているんだよ」

ソニーやプルデンシャルの会員が登壇したプログラムでは、舞台の下から声を荒げる女性会員もいたのには福地は辟易した。

「この業界を変えてやる」

忘れていた思いがこみ上げてきた。しかし、4月末からゴールデンウィークにかけて原因不明の高熱、下痢、吐き気で入院する。原因が特定できず、CT検査をするが検査室前で嘔吐し、倒れてそのまま意識不明になる。

由里子の献身的な看病に支えられながら抗生剤を点滴していたが、結局、担当医師の誤診で、細菌性の肝炎であることが判明した。肝機能回復の点滴に変えたとたん病状は回復した。ゴールデンウィークを病床で過ごし、出社した福地を待っていたのは支社長の大島だった。

「福地さん、これからどうするの？」

大島のあまりの唐突な質問に福地は驚いた。

「どうするもこうするも、仕事しますよ！」

この半年、査定ぎりぎりの成績が続き、なおかつ、今回の10日にわたる欠勤で福地には、大島が仕事を辞めろと言っているように聞こえた。

「4ヵ月でコンベンションとMDRTを達成したんだ。なのにちょっと不振だと、もう辞めろってか？」

福地は悔しがった。

さらに大島は意外なことを言った。

「福地さん。ライフプランナー辞めて営業所長やらない？」

「冗談じゃないですよ。ライフプランナーとして今壁に当たっているのに、これで所長になってライフプランナーをリクルートして、僕と同じように紹介の壁に当たったら、アドバイスをしてあげられないじゃないですか。僕は絶対諦めません。ライフプランナーで成功して、必ずエグゼクティブ ライフプランナー（部長格）になるんです！」

「そう、じゃあもう二度と所長に誘わないから。頑張ってエグゼになってください」

大島のこの言葉に彼は奮起した。

その年の7月末、婚約者の由里子を連れて福地はマウイ島のコンベンションに参加する。完成したばかりのホテルグランドワイレアでコンベンションの表彰台に2人で立った。初めてソニー生命のコンベンションの文化に触れる。成功者とその家族が夏休みに家族とハワイで過ごす。

「何と素晴らしい文化なんだ。できれば毎年ここに来たい。でも……」

福地の表情は暗かった。

「来年のコンベンションは香港です。1993年夏は香港で会いましょう！」

ソニー生命専務の竹内（当時）がエンディングで声高らかに宣言したが、福地はもうこの時点で、とても来年のコンベンションやMDRT会員基準を突破する自信はなかった。

コンベンションから帰国して由里子との結婚式の準備は、むしろ仕事のストレス解消となっていた。結婚式と披露宴が終わり、宿泊先のパレスホテル大宮から朝、彼はそのまま営業に出かけた。しかし行くあてなどなく、不安で新婚気分を味わっている余裕などなかった。

既契約者に紹介をお願いするが、「生命保険の紹介は……。ちょっとね……」と断られる。

1991年の歳末コンテストも惨敗する。バリテーションという最低限の査定基準をクリアすることで、CIPのシミュレーション通りの昇給は得たが、BMWのローン、ブライダルローン、FPの通信教育、パソコンなどローンの合計が1000万円を超えていた。

入ってきた収入は、即借金の返済に回る。仕方ないので、妻にはキャッシングして生活費を渡していた。ＦＰとして最低だ。人様のファイナンシャルプランニングなどおこがましいような生活だ。このままだと、子どもができたのに家庭は崩壊してしまう。しかし、リクルートを受けたときに描いた夢は諦められない。

師匠、岩井和泉との出会い

前職のＨＯＹＡでオンライン担当だった福地は、パソコンを得意としていた。その頃ソニー生命では、ようやく個人のパソコンで設計書を打ち出すことが可能になった。顧客とのアポイントから逃げて、大宮支社の招きでパソコンの使い方を教えに行ったときのこと。福地にとって人生を変える出会いがあった。佐藤力男と岩井和泉という両エグゼクティブ ライフプランナーとの出会いだ。

佐藤はこの年、ＭＤＲＴソニー会の会長（当時）で、岩井は事務局長（当時）だった。大宮支社の仲間にパソコンを教えた後、佐藤と岩井は福地を他の仲間との酒席に招いた。池袋支社にもエグゼクティブ ライフプランナーは2人いたが、正々堂々と紹介営業をしている様子はなかった。

福地が「どうやってコンスタントに既契約者から紹介をいただいているんですか？」と

いう質問に、池袋支社のエグゼ２人から明解な回答はなかった。

「支社にじっとしていたらおまんまの食い上げだろ？　動くんだよ。犬も歩けば棒に当たるっていうだろ？」

「ついに俺は犬か……」

彼らの答えには到底納得できなかった。

「うちの支社の連中が福地さんには世話になっているんだね。今日はご馳走しよう！」

福地は佐藤と岩井に魚料理の旨い店に案内された。さらに連れて行かれた大宮のスナックで佐藤に質問した。

「佐藤さん、どうやってお客様から紹介をいただいているんですか？」

福地の質問に佐藤は次のように言った。

「和泉！（佐藤は岩井をこう呼んでいた）どうやって紹介をいただくのか福地さんに教えてあげなさい！」

「よし、紹介入手の方法を教えるから、しっかりメモを取れよ。いいか、ご契約をいただいたお客様に『もし、今日私が飛び込みでうかがったらお話を聞いていただけたでしょうか？　無理でしたよね？』って話すんだ。『ご紹介でお会いできたからこそ、お話を聞いていただけただけではなく、ご契約もいただけたんですよね。それだけ皆様のご紹介の力は我々ライフプランナーにとってかけがえのないものなんです。我々はすべてお客様からお客様への善意のご紹介で仕事をさせていただいています。ぜひ、このご紹介の輪を〇〇さん（既契約者）で切らないでつなげていただきたいんです』って言うんだよ。あとは恵ちゃん（そのときから岩井は福地を恵ちゃんと呼んだ）の熱意だね」

ここで、福地は初めて実戦的な紹介入手のトークを教えてもらうことができた。必死になってメモを取った。１９９２年12月の暮れ、帰りは土砂降りの雨だった。

しかし、時すでに遅し。2年目の12月末で2回目のＭＤＲＴは未達。翌年１９９３年3月15日締めの香港のコンベンションも達成できなかった。結局、当時あった長崎ハウステンボスの国内コンベンションをぎりぎりクリアしたくらいだった。３月15日の締め後に香港のコンベンションを達成した7人の仲間が発表された。

4月、福地はＭＤＲＴソニー会春の研修会に出かける仲間を見送った。

「1994年夏、必ずカウアイに行く！」と誓う

この悔しさが、その後の福地のライフプランナー人生を大きく変える原動力となった。岩井から習った紹介トークもまだ成果が出るほど習得できていない。来年のＭＤＲＴとカウアイ島のコンベンションをクリアするために行動計画を練った。

見込客の枯渇はこの保険営業という仕事の死を意味する。飛び込みやコールドコールは嫌だ。ならば既契約者から紹介をいただくしかない。いくら恰好つけても借金は１０００万円を超えている。このままでは、新妻のお腹に子どもがいるのに家庭崩壊してしまう。

彼は、毎日でも会ってもらえるＨＯＹＡの同僚と友人合わせて5人それぞれに、毎週３人の紹介をもらうまでは帰らない決意をした。つまり、「5人の既契約者×３人の紹介者＝週15件の紹介」を獲得する。これを4週間続ければ1ヵ月で60人の見込客ができる。

机の上では簡単に計画はできた。そして、夢から目を離さないため、マウイ島のコンベンションの表彰式の写真とカード10枚に次のことを書いた。

「1994年夏、必ずカウアイに行く！」

このカードを会社の机、自宅の机、カバンのふたの裏側、車のダッシュボード、定期入れなど毎日見る場所に貼りつけた。そして毎朝、コンベンションの表彰式のテーマ音楽であった「ロッキー2のテーマ曲」を流してアファメーションをした。

「1994年夏、私は必ずカウアイに行く。そのために、私は毎日必ず3人の紹介をいただく。週15件の見込客を作る。どんな困難があっても私は必ずやる。やるまで私は帰らない！　私は必ずできる！　できるように生まれたのだ！　表彰式には妻と子どもとそして両親を舞台に上げる。達成のシーンがはっきりと見える。妻、娘、両親の喜ぶ顔がありありと見える。私は偉大なセールスマンだ。私は偉大な成功者だ！……」

これを「ロッキー2のテーマ曲」を最大ボリュームで流して宣言し続けた。カウアイ島コンベンションの基準はAC（＝初年度手数料）1200万円で件数76件であった。昨年の成績の2倍獲得しなければならない。

いよいよ、第1週の月曜日だ。一番頼りにしているHOYAの村上均を訪ねた。

「村上君、この1ヵ月に人生を賭けているんだ。紹介キャンペーンを企画した。毎週来るから、週に3人とにかく福地と会って話を聞いてくれる人を紹介してほしい！ 毎週月曜日は、村上君なんだ。君なら週3人くらい簡単に名前を出してくれるでしょ？ 頼む！」

福地は懇願した。

「えっ？ そんな勝手に決めないでくださいよ。生命保険の紹介でしょ？」

「当然だ。保険しか他に売るものないんだ。でも話を聞いたからといってソニー生命に加入しなければならないということはないよ。まず話を聞いてもらえる人を紹介してほしい」

もう福地は必死だ。

「ちょっと考えておきますよ」

「ダメダメ。いますぐなんだ。勝手なお願いであることは百も承知。でもこのキャンペーンを貫徹しなければ、家庭崩壊なんだ」

「そんなぁ……福地さん。家庭崩壊なんかしないでしょ！」

村上はあきれて言葉を返した。

「こんな無理をお願いできる人は、君を入れて5人しかいないんだ。この5人から毎日紹介をもらえるまで帰らないと決めたんだ。この通りだ、村上君の同期とか大学時代の友人とかまず3人会わせてほしいんだ」

福地は頭を下げた。


「しょうがないなあ。僕もう営業に出かけなきゃいけないんですよ」

「しょうがないいんだよ。でもお願いだ。じゃあ、営業車に乗せてよ。移動の間に考えて」

10年もいた勝手知ったるHOYAの営業だ。彼は村上の営業車に同乗した。ただ、これは100%HOYAの規則違反だ。(今となっては時効だが)昼になったので、村上は車をファミリーレストランの駐車場に停めた。

「じゃあ、親父のところに行きますかぁ?」

村上は食事をしながらつぶやいた。

「おお、お父さんのところか、最高だ。お父さんに今電話してほしい」

福地は村上に当時は分厚い大きな携帯電話を差し出した。


村上の父は神田で会社を経営していた。自宅で今週会ってくれることになった。

「ありがとう、村上君。あと2人だ」

「えっ。親父が会うって言ってんだからもういいでしょ」

「頼むよ。あと2人紹介もらえるまで今日の仕事は終わらないんだ。あと2人お願い！」

「もう、しょうがないなぁ」

「しょうがないいんだよ。頼むわ」


こんなやり取りをしながら、福地は村上に一日中紹介依頼をし続けた。

「じゃあ、弟はどうですか？」

「いいね。弟さんとあと1人！」

村上なら簡単に3人の紹介が出ると思ったが、結果は難航した。同乗しながら、HOYA時代の話に花が咲いた。世間話に盛り上がってしまい結局最後の1人、村上の大学時代の友人の名前が出た頃には夜の8時を回っていた。

1週間で15人の見込客を獲得

翌火曜日の朝。アファメーションを書いたカードをいつも通り読む。今日のテーマソングは映画「トップガンのテーマ曲」だ。そして今日もＨＯＹＡ時代の後輩の米谷にアポが入っている。


「米谷君、紹介入手キャンペーンなんだ。米谷君の仲のいい友だちを紹介してほしい！」

「ええっ？　勘弁してくださいよ」

「勘弁したいけど、勘弁したら家庭崩壊だ」

「そんなぁ。でも福地さんの仕事って大変なんですね？」

「そう、大変なんだ。でも自分で決めた仕事だからね。どうしても会ってソニー生命の話を聞いてもらえる人を３人紹介してほしいんだ！」

展開はまったく同じだが、米谷は遠方に日帰り出張するので、同乗はできなかった。

「何時でも待っているから、帰ってくるまでに３人の候補考えておいてね」

夜10時に米谷は営業所に帰ってきた。米谷は福地がまだ待っているのに驚いたが、観念してＨＯＹＡの同期の仲間を３人紹介した。


水曜日。アポを取っていたＨＯＹＡの佐藤は営業に出かけていなかった。福地に会うと紹介を迫られると会社で噂になっていたからだ。仕方ないので、木曜日に会う予定の友人の小杉に電話をしたら会うことができた。福地は移動中、そして待っている間コンベンションの写真と「1994年夏、必ずカウアイに行く！」のカードを見て自分を奮い立たせていた。小杉からも3人の紹介を得た。

そして金曜日。友人の牧田から何とか会社の同僚の名前を3人絞り出してもらった。

夜11時に新婚所帯に帰宅した。

「ただいま！　今日も3人の紹介がもらえたよ」

「そう、よかったね」

妻が出迎えてくれた。新婚所帯といっても元はHOYAの独身寮をそのまま引き継いで借りている団地だ。築20年以上経っており、風呂場にはカビが生えていた。

新妻を迎えるにはあまりにも悲惨なので、福地はホームセンターで買ってきた白いカビ止め用のペンキを塗ったが、素人なのでペンキがひび割れて落ち、浴槽にぷかぷかと白いかけらになって浮いていた。しかし、福地は充実感に溢れていた。

この第1週は、自分との約束を守り通した。15人の見込客ができたのだ。明日以降アポイントが取れている。まだ契約になるかどうか分からないのに、今浸かっている風呂が新築の大きなマイホームの風呂に思えてきた。浮かんでいるペンキのかけらを掻き出しながら、明日のアポイントが契約になるイメージを繰り返した。

2週目も15人の見込客を獲得

第2週は第1週よりさらに紹介入手キャンペーンは困難を極めた。

「また来たんですか？　本当に福地さん行くところないんですね」

村上が呆れて言う。

「そう、ないんだ。だから今週も3人頼む！」

福地は当時を振り返り「つきまとわれる方も、本当に迷惑だったと思う」と述懐する。でも、これで嫌われたらライフプランナーの仕事はできない。友人も失って借金が残るという最悪な状態でジ・エンドだ。

紹介が出るか？　それとも嫌われて保険営業を辞め、宅配便のドライバーにでもなり昼夜働き続けて借金を返すか。いや、そんなマイナスなイメージより、来年のカウアイ島の表彰式の舞台に妻、娘、そして両親と立つ。このわくわくするイメージが勝っていた。

苦労の末、第2週も15人の見込客を入手した。第3週の月曜日には、もう村上のところに行くことができなくなった。なぜなら30人のアポイントをこなし、その後契約、診査と申込みのアポでスケジュールが一杯になったからだ。彼は、この30人から何かしらの契約をいただくことができた。

「もう、このしんどい紹介入手キャンペーンはしたくない」。だから契約をいただいた30人のお客様から必ず3人の名前を出していただくことが次の目標になった。

「田中さん。今日私が飛び込みでうかがったらお会いしていただけましたか？」で始まる岩井エグゼから伝授された紹介入手トークが、何とか成果を得るようになってきた。

1993年6月〜7月の夏のコンテストで、久しぶりにブロンズ入賞（AC＝初年度手数料160万円／件数15件）して、これから毎週挙績をしていく。11月から12月の冬のコンテストもシルバー入賞（AC 300万円）したが、12月末の段階でトータルAC 700万円しか達成していない。カウアイ島コンベンションの3月10日の締めまでに、あと5

00万円をやらなければならなかった。

3ヵ月で500万円？　当時の福地のやり方では個人保険だけでは200万円がやっとだった。1年間ずっと「1994年夏、私は必ずカウアイに行く！」と唱え続けてきた。ずっと頭に表彰式のイメージを描き続けてきた。

「諦められない！　あと300万円はお金持ちや社長から契約をいただくしかない。しかし、富裕層や法人の見込客なんてまったくない。ならば、どうする？　ならば、お金持ち、社長の見込客を作るしかない。よし、今日からお金持ち、社長の紹介を既契約者にお願いしよう！」

第2の紹介入手キャンペーンに突入

福地の第2の紹介入手キャンペーンが始まった。

1994年1月4日より毎日個人のアポイントは5件以上、そして出会ったすべての人に富裕層、法人の紹介依頼をし続けた。しかし、サラリーマンのお客様から富裕層、社長の知人の人脈にはたどり着かない。

1月20日、ラッキーなことに、あるコンビニエンスストアのオーナーから歯科医師の紹介を得た。早速アポイントを取って、土曜日の午後に千葉の歯科医院を訪ねた。

当時の福地の主力商品は養老保険だ。予定利率が高い時代だったので、

「先生が、万が一60歳までに亡くなられたら、奥様に1億円の保険金がおります。万が一が、なかったら退職金として1億円を先生が受け取ることができるプランです。総支払額は60歳までに6000万円です。6000万円の投資で、1億円の資産が作れます」

こう言ってアプローチを試みた。診察待合室で、福地は院長の奥様に提案したところ、「これなら貯金と保険を分けてやるよりいい」ということで、さっそく2日後の月曜日午前中に診査と契約申込と話は簡単に決まった。

「これで目標が達成できる！」

福地は日曜日、家族と祝杯をあげた。しかし、その喜びも束の間、月曜日の朝にキャンセルの電話が院長の奥様から入った。原因は簡単だ、提案したのは奥様で、院長であるご

主人には挨拶しかしていなかった。「院長先生は、そんな金額を生命保険会社に預けたくない」とのこと。「問題をご夫婦で共有していただく」「ご夫婦で価値観を共有していただく」という生命保険セールスの鉄則を守っていなかったのだ。

この苦い経験以降、福地はアポイントの際は、必ずご夫婦で会っていただくことにイエスをもらうことを心に決めた。だからこそ、彼は今なおエイムの受講生にも「アポイントは必ず最初にご夫婦で会っていただくことにイエスをいただくのだ」と教えている。

達成した幸せを味わったのは、たった1日だけだった。また富裕層、社長の見込客探しが始まった。既契約者からの追加契約、個人の新規契約で目標まであと200万円。2月もすでに20日を過ぎており、締め切りまであと20日足らず。この日、福地は決意した。

「今日は月払い20万円以上払っていただけるような見込客を見つけるまで帰らない！」

しかし、夜になっても見つからない。でも諦められない。カウアイ島のコンベンションに家族を連れていく。そしてＭＤＲＴへの復帰だ。行先に困って懇意にしている渋谷のあるスナックのマスターのところに行く。

「どう、福地さん目標達成した？」

月に1度位訪れて目標について話していたので、マスターが聞いてきた。

「もう少しです。マスター！　お客様で社長とかお金持ちいませんか？」

「ダメダメ、お客さんを保険屋なんかに紹介できないよ」

「悪かったですね。保険屋なんかで」

福地は少し憮然とした。

「いや、ごめん。でも紹介すると何かいいことあるの？」

「はい、両親がカウアイ島に行けるんですよ」

「なにそれ？　僕にメリットないじゃない」

「マスター！　ボトル1本入れますよ。それ以上は『特別の利益の供与』で業法違反だからできないんですよ」

「なんのこっちゃ！　まったく、しょうがないなぁ」

「はい、しょうがないんです。でもどうしても両親をカウアイ島に連れて行きたいんです。1年間ずっとこの思いで仕事をしていましたから。諦められないんです。お願いします！」

マスターはしばらく考え込んで「ふー」と息を吐いた。

「分かった。お客さんはダメだけど、いとこに資産家がいるからそこへ行く？」

3年目の大逆転復活を諦めない

2日後に福地は、丸の内にあるビルの一室を訪れた。藤商事という会社の社長の塩田（仮名）を訪ねた。しかし、塩田の会社はバブルの崩壊後赤字で、法人で保険をかける余裕はないという。でも福地はこのチャンスを諦めなかった。

「塩田さん、会社は無理でも個人で何か貯蓄をされていませんか？　それとは別に個人で保険をされていらっしゃいませんか？」

「そりゃ、個人ではやっていますよ」

「保険と貯金を分けるより、養老保険なら1億円を60歳までに貯めるのに6000万円払えばできるんですよ。それに、1億円の保険もついているとお考えになったらいかがですか？」

「それは、いいね。個人なら考えてもいいかな」

塩田は応えた。

「明日ご自宅で、ご夫婦でお話を聞いていただけませんか？」

こうして福地は明日、塩田の自宅に行く約束を取りつけた。

塩田の実家は不動産を多く保有する資産家だった。まだ30歳代と若いが、いずれは相続対策も必要だ。そこで、保険付きの資産形成＋医療保障で月払い17万円の契約になった。大変ありがたいが、これでは、まだ目標の半分だ。それで福地はこう切り出した。

「塩田さん、申し訳ありませんが、塩田さんと同じくらいの保険料を積み立てられる方をご存じありませんか？」

「僕の弟が近くに住んでいて、こういう貯蓄法に関心があると思うから呼んであげるよ」

言ってみるものである。10分ほどで弟の塩田薫（仮名）がやってきた。内容を説明すると自分もやりたいという。しかし薫は、自分で保険を作るということが兄以上に気に入ってしまい、妻・子どもの入院特約など加入できる特約すべて加入してもらえることになった。

申込書と告知書もすべて記入してもらったが、子どもが数ヵ月前に鉄棒から転落したとの記述が少し気になった。しかし、この塩田一家すべての保険が成立すれば、目標のカウアイ島のコンベンションに到達する。2月末申込みベースで目標に到達した。

しかし、3月になって「子どもの特則は謝絶とする」という医務部からの査定が届いた。福地はすぐに塩田家を訪ね事情を説明した。ところが、塩田薫は「子どものことくらい何で受け入れないのか？　このまま謝絶なら兄弟すべての契約をやめる」と言い出した。

「絶対諦められない！」

福地は東奔西走する。医師への委任状を塩田薫から受け取り、子どもの診察記録等を入手して医務部へ持ち込んだ。状況が明確になり、部位不担保等条件が緩和された。

「何とかこの条件で承諾してください」

彼は塩田薫に懇願した。

「福地さん。よくここまで動いてくれましたね」

塩田薫氏が承諾書にサインした。3月9日締めの1日前に成立書類すべてを本社に送り無事成立した。

3年目の大逆転復活ができた。締めの10日、支社長から翌年のコンベンションサイトが発表された。1995年は、オーストラリアのハミルトン島だ。達成基準は何とカウアイ島150％増のAC1800万円であった。福地は翌年1月中旬に達成。1996年ハワイ、オアフ島コンベンション２２００万円とさらに50％増の目標達成。念願の年収５０００万円を超えた。

この翌年、夢のホームシアターつきのマイホームが完成した。

生命保険のプロの養成所を設立

「成功は、能力ではなく思いの強さだ」

この復活の3年目の経験が、福地のライフプランナー人生の礎になった。あの30人の紹介入手キャンペーンのおかげで２０１７年にＭＤＲＴ登録25回で得られる「Quarter Century Club会員」になる。

何事も人生一門のプロになるためには、猛烈に努力する時間が必要だ。プロのスポーツ選手、音楽家、俳優、お笑いタレント等プロで活躍する人には、皆それぞれ猛烈な下積み時代がある。この下積みの努力を続けられるか否かは、夢実現への思いの強さではないか。

福地は、２０００年3月に9年間お世話になったソニー生命を離れ、生命保険のプロの養成所である株式会社エイムを設立した。

自分より高学歴、高社歴なのに業界を去っていく仲間がたくさんいる。海外コンベンションもMDRTの素晴らしい文化（＝優績者同士が自分のノウハウを惜しげもなく仲間に教え合うこと）を経験せずに、この仕事を辞めてしまう人たちがあまりに多い。

こんな自分でもこの業界で成功できたのだから、一人でも多くの人をMDRT会員に育てよう。多くのプロを育てることが、この業界を本当にお客様に役立つものに変えることができるのだ。これがエイム設立の理念だ。

人類が経験したことがない「人生100年時代」が到来した。もはや就学、就業、リタイアという3ステージで人生をプランすることはできない。今年成人した人の2人に1人は100歳まで生きるのだ。

60歳定年は完全に死語になった。60歳から40年以上も人生があるのだ。40年は余生ではないし、第2の人生でもない。第3、第4のステージが待ち受けているのだ。

6-3-3-4つまり小学校から大学卒業まで16年位の就学で100年人生を生き抜くことは不可能だ。良い大学を出て、良い会社に60歳まで勤め上げれば、後は退職金と年金で余生を過ごせる。こんな過去のライフプランは不可能なのは、国の年金カット法案が成立したことでも明白である。

サラリーマンでも個人事業主でもこれから日本人は、それぞれ長期就労に対応すべく専門を磨き続けなければならない。長期就学時代でもある。

我々はプロの生命保険コンサルタントとして、常に自分を磨き続ける必要がある。今後やってくるいくつものステージをみんなで楽しく生き抜いていくために、今後とも努力をしていくのだ。

「そんな仲間の力になりたい」

福地の夢はまだまだ続く。

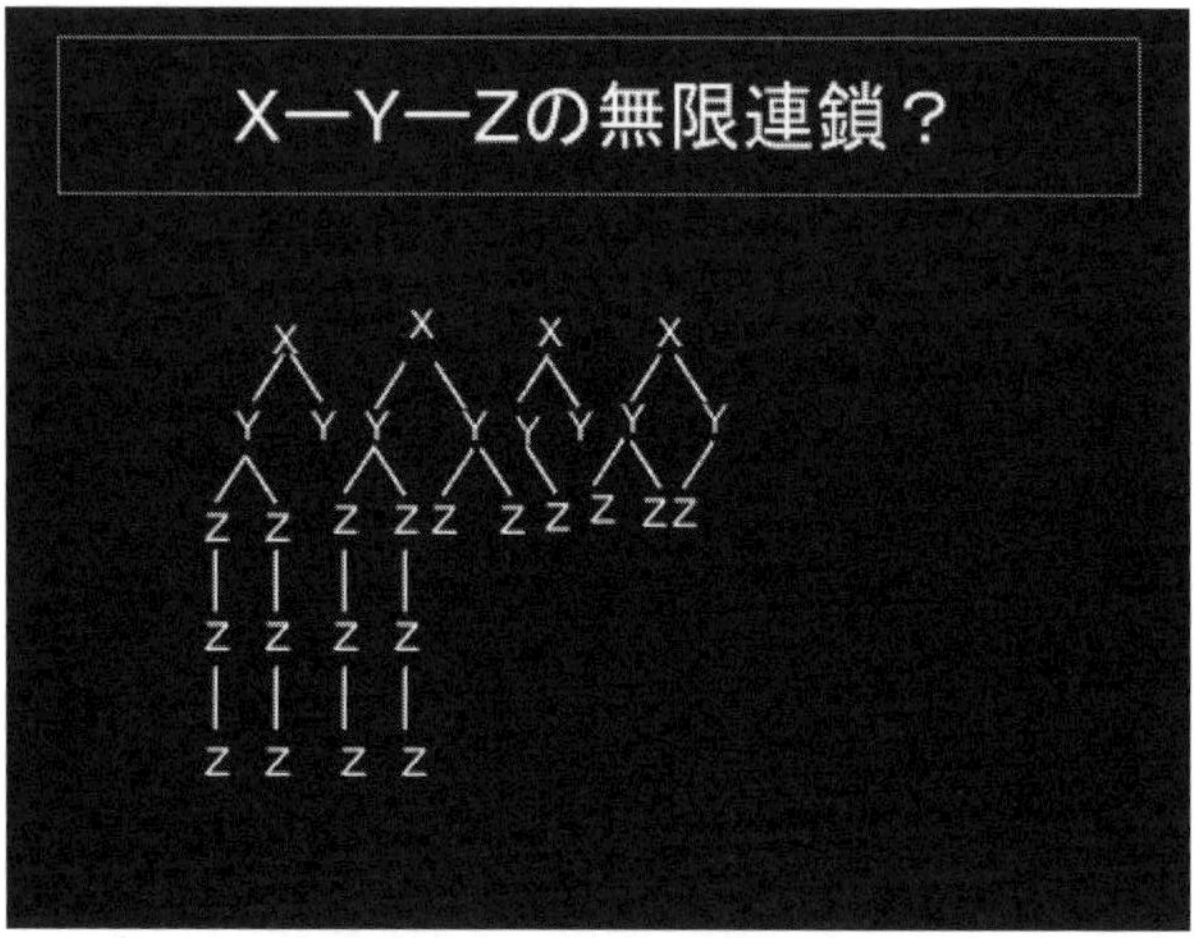
X—Y—Zの無限連鎖？

OAHU

●トニー・ゴードンとは

トニー・ゴードンは1946年生まれの英国人。高校卒業時はまさにビリボーイ。卒業のときに担任から「特に君は将来何をやってもモノにならないだろう」と言われる。

おもちゃ屋のチェーン店に就職するも、転勤が多い、収入が少ない、そして22歳のときに、同い年の大学卒業者が好待遇で入社してきたのに嫌気がさして退職。

「転勤なし、学歴関係なしで報酬は実力次第、地域に密着してお金のコンサルティングをする仕事です」というチラシを見て生保業界に入る。

こんな甘い考えでいたので7年間まったく売れずにいた。5年目でサラリーマンに戻ることを試みるが、ビリボーイで、せっかく入社したおもちゃチェーンを4年で辞め、生保セールスでも失敗したトニーを希望する条件で雇ってくれる会社はあるはずもなかった。

トニーは自著でこのときのことを「サラリーマンに戻る橋が焼けてなくなっていた」と著している。「もっとまともな仕事はないか」生保セールスマンになって7年間こんなことばかり考えていたトニー（＝T）だが、友人が誘ってくれたロンドンでのMDRT会員のセミナーが彼の人生を変えた。

以下はＴＯＴメンバー（＝Ｍ）との会話（福地が想像して脚色）。

Ｍ「トニー君、この仕事＝生保のセールスマンほどお客様の役に立つ仕事はないよ。他にまともな仕事を求めるな。売り方より君の考え方を変えるんだ。この仕事で成功するとね。来年ＭＤＲＴ会員になると決めるんだ。トニー、決めたか？」

Ｔ「はい、決めました」

Ｍ「１年後のゴールを決めて12ヵ月で割ってさらに１週間、今日１日とやるべきことを数値化するんだ。そう、１日３件のアポイント、週15件の面談をやると決めるんだ。１日３人の面談のうち１件は必ずヒットを打つんだ。つまり、次のアポイントにつなげるんだ。そうすれば週４～５件のプレゼンテーションに進める。４～５件のプレゼントをしたら、そのうち何件の契約が取れるかね、トニー君？」

Ｔ「２件は契約になると思います」

Ｍ「１件当たりいくらの月払い保険料をいただけるかな？」

Ｔ「３万円くらいでしょうか？」

Ｍ「おめでとう！　君は来年ＭＤＲＴ会員だ。２件の契約で１件当たり３万円の月払い保険料をいただく。週6万円の月払い保険料を毎週取り続ければ、年間3600万円の初年度保険料になる。売り方より君の考え方を変えるんだ。できるかできないかじゃない、決めるんだ」

このセミナーの後、トニーは人が変わったように自分を制し、締め間際で運も味方して大口の法人契約も決まり、8年目でついにMDRT会員になったのだ。ハワイでの初めてのMDRT年次総会に出席したが、ここでも人生を変える出会いがあった。出会ったTOT会員（MDRT会員の6倍の成績のメンバー＝M）に出会うのだ。

T「そのバッジについている白いリボンは何ですか？」

M「Top of the Table だよ。TOTの正式名称だ。トニー君も来年TOTを目指さないか？　君がTOTになればイギリス人で3人目だ。そして年収は2億円になる。いいだろ？」

T「えっ？　1倍でも8年かかったのに6倍ですか？」

M「やると決めればいいだけだ。15人のアポイントは取っているだろ？　今なら何人が次のプレゼンにつながる？」

T「そりゃあ、今では6、7人はプレゼンになります」
M「そしてプレゼンした6、7人のうち何人契約になる？」
T「まあ、8割、9割」
M「1件当たりの単価は？」
T「まあ、1世帯なら8万から10万円には…」
M「トニー君おめでとう！ 来年はTOTだ。やると決めれば自ら、会う見込み客のレベルを上げていくことになるだろ？ 来年TOTメンバーになって再開しようじゃないか」

トニー・ゴードンは次の年にTOTメンバーとなって以降、TOTを38年間続けることになる。

「高校の教師がビリの3人に言いました。『君たち3人は今後何をやっても成功しないだろう』そのうち一人は世界中にゴルフ場を造り、週末はテレビでゴルフトーナメントの解説者としてお茶の間の人気者になりました。もう一人は、ジャーナリストになり40冊の本を書き、そのうち10冊くらいがハリウッド映画になりました。大成功者です。そして3人目の『このなかでも特に君はダメだろう』と言われた青年は、第71代MDRT会長（2001年トロント大会）になりました。（会場から拍手）他人に自分の潜在能力を勝手に見くびらせてはなりません。決して他人に『CAN'T＝できない』なんて言わせてはなりません」

2014年MDRTフィラデルフィア大会のメインプラットホームで、トニーは胸を張ってスピーチをした。

監修者あとがき

9人の物語をお読みいただきありがとうございました。いかがでしたか？　本気になれば絶対あなたでもMDRT会員になれます。だって、その証拠としてこの本を出版したんですから。

エイムの研修パーフェクトアプローチコース（＝PAC）を2000年から始めて17年になります。3日間で生命保険の一流のプロの証であるMDRT会員を目指す研修が始まります。研修は3日間で終わりません。その後、毎月1回フォローアップ研修を丸1日東京、大阪、福岡で開催しています。2泊3日の夏と冬の合宿もあります。受講生全員がMDRT会員になるために継続して学べるシステムになっています。

この継続研修に参加しているメンバーを「チームエイム」と呼んでいます。チームエイムは2016年12月末現在233人で、46人が2017年度MDRT会員です。毎年確実にMDRT会員が増えていることは、とても福地の励みになります。でも、全員MDRT会員になるのが目的で研修を続けていきます。

生命保険営業で成功できる人とは、この仕事をプロとして一生続ける覚悟のある人です。この仕事を選んだ理由が「単に時間的に余裕がある仕事だから」とか「ちょっと売れればサラリーマンよりは少し良い収入が得られるから」という人は成功しません。だってプロ野球の選手やプロの歌手を見てください。一軍、一流と呼ばれる人しかプロとして活躍していませんよね？　ちょっと稼ぐ、ちょっと時間に余裕があるからプロ歌手になった。なんて人はいないのです。

生命保険で成功できる人とは、実現したい夢がある人です。夢に日付を入れればこれが目標になります。プロは毎年明確な目標がありますよね。打者なら3割打者になる。3冠王になる。投手なら20勝する。歌手なら紅白に出場する、武道館でコンサートをする。などそれぞれの仕事によって夢はたくさんあるはずです。

ただ「今年も頑張ります！」と言っている人が多いのです。人は頑張ることを目的に生きることはできません。「達成したい夢＝ゴール」があるから猛烈に頑張れるのです。

「ＬＩＦＥ ＳＨＩＦＴ（ライフ シフト）－１００年時代の人生戦略 リンダ・グラットン

／アンドリュー・スコット著（東洋経済新報社）」という本を読みました。これは、かつて私が紹介をおねだりし続けた村上均君から「福地さんの言っていることが、この本に書いてありますよ。読んでみてください」と教えてもらった本です。

私は結局、村上均君をソニー生命に誘ってしまいました。その彼が、今なんとトップ・オブ・ザ・エグゼクティブ ライフプランナー（＝参与 ソニー生命のライフプランナーの最高資格）ＭＤＲＴ成績資格終身会員（20回登録）として大活躍しています。

このイギリスの著者２人は、福地が25年来言っている長生き時代の到来について書いています。先進国も発展途上国もそれぞれ着実に寿命が延びている。日本で２００７年に生まれた子の２人に１人は１０７歳まで生きる。今40歳の人は95歳まで、60歳の人でも50％の確率で90歳まで生きる。もはや、就学、就労、リタイアという3つのステージでライフプランを考えることはできない。就学、就労、長期就労するための自己改革（勉強する。研修を受ける。資格を取る）、転職、自己改革、転職または起業…と長寿を楽しむために常に自分の専門を磨き続ける必要がある、とあります。

これからの生命保険のコンサルティングは、保険を販売するだけに留まらないのです。

100年人生を守り、お客様への自己改革の情報提供をし続ける素晴らしい仕事なのです。お客様を守り続けることで、あなたも100年人生を有意義に生きることができるのです。ですから自ら選んだこの仕事は大正解なのです。
あなたもこの物語を参考にして、夢にチャレンジしてください。100年に延びた人生を大いに楽しむために！

大丈夫！　あなたも絶対できますから！

2017年3月

福地恵士

研修、講演のご依頼は、
http://福地恵士aim.com/
http://pacaimss.web.fc2.com/company.html
または、株式会社エイム　03－5917－0356まで。

大逆転の生命保険セールス
～MDRT 9人の成功への方程式

平成29年4月17日　初版発行

編　　者――――近代セールス社
監 修 者――――福地恵士
発 行 者――――福地　健
発 行 所――――株式会社近代セールス社
〒164－8640　東京都中野区中央1－13－9
電　話　03－3366－5701
ＦＡＸ　03－3366－2706
編集協力――――金田雄一
印刷・製本―――株式会社アド・ティーエフ

ISBN978-4-7650-2060-2